貯蓄なし 経験なし 度胸なしのあなたにもできる

都内築浅 ワンルーム マンション投資

株式会社クレド
代表取締役
小松圭太【著】
Keita Komatsu

秀和システム

はじめに

数ある投資系の本の中から、本書を手に取っていただきまして、ありがとうございます。

この本を手に取ってくださったあなたは、「今は充実した生活を送れているけれども、自分が年を取った将来の生活が漠然と不安」と考えている人が少なくないと思います。

少子高齢化が先進諸国の中でも急ピッチに進む日本では、年金制度の運用自体が危ぶまれています。恐らく、私たちが定年を迎える30年後や40年後は、年金の支給額も今よりも減らされている可能性が非常に高くなっていることでしょう。

一方給料もほとんど上がらず、退職金制度を廃止する企業が増えているなかで、預貯金だけでは老後の生活費を賄えないという人も増えてきています。

そこで将来の生活費の補てんとして注目されているのが投資です。なかでも、不動産投資はリスクを減らして、堅実に収益を生み出せる投資対象として、とても人気があります。投資は人任せではいけません。みんなが良いと言っているからと自分では何も調べないで不動産投資の世界に入るのは、あまりに危険です。

不動産投資は、投資の対象の中でもミドルリスク・ミドルリターンの投資対象として知られています。

しかし、それはあくまでも正しい知識を身につけて、自己責任で運用し、結果的に他の投資対象と比べると、リスクが低くなっているということです。

投資対象である物件の調査もしないで、不動産会社の営業マンの言うことを鵜呑みにしてはリスクが高くなることがあります。また購入後の賃貸経営も不動産会社に丸投げして、家賃を得る仕組み（サブリース契約 ※本書で詳しく紹介します）を利用している人もいます。それでも空室が続き、毎月の家賃が払えず、貯金を切り崩して、苦しんでいる人もいます。

投資をするためには、自分でリスクを把握して、それを許容できるか精査し、管理する必要があります。そのノウハウを知らなすぎる人が多い現状に危機感を抱き、今回本書を出版することにしました。

本書を読んでいただければ、投資の心構えやリスク、どのような投資対象を選ぶべきか、そして運用方法など不動産投資の正しい知識を学ぶことができます。

なお、不動産投資と一口に言ってもさまざまな投資対象が存在します。その中で、私は将来の生活を安定させるための補てんとして、都内築浅ワンルームマンション投資を勧めています。そのことについて、本書ではさらに詳しく紹介しています。

本書を読むことでそのリスクを理解し、正しく不動産投資をしていただくことができれば、著者としてこんなにうれしいことはありません。

それでは早速不動産投資の勉強をスタートしていきましょう。

目次

はじめに …… 3

第1章　あなたは貧乏老後を選ぶ？　それとも金持ち老後を選ぶ？ …… 15

サラリーマンの定年退職後の心配事の52・6％は生活費が足りなくなること …… 16
老後の生活費用は年金プラス1億円!? …… 18
若い世代は将来の貯金を貯めにくい時代 …… 19
たった一つの収入だけではなく複数の収入源を持つ …… 22
複数の収入源に増やすための第一歩とは？ …… 24
利回りの通りにお金が手元に返ってくるのか？　も重要 …… 28
投資している人と投資していない人の退職金の準備額には約760万円の差がある …… 28
これからの時代は何らかの投資をして収入を補てんする時代 …… 31
本格的な格差社会が到来しても安心して生活できる特効薬とは？ …… 32
守りの資産をつくるための5つのポイント …… 34

第2章　老後の資金を補てんする安全安心の投資対象は何か？ …… 45

老後の資産を安定して運用できる投資対象とは？ …… 46
不動産にも高いリスクの投資対象がある …… 48
ボロ物件投資は実はハイリスク・ハイリターン …… 49
不動産投資の利回りの表記には注意する …… 52
一棟アパート 区分マンション 新築 中古 何を選ぶべきか？ …… 54
一棟アパートは実は空室リスクを抑えられない …… 54
初期費用（自己資金）は物件の3割も必要になることもある …… 55
金利が変わるととんでもないことに …… 56
修繕や維持に関わる費用もバカにならない …… 58
郊外に格安物件を購入するのはリスクがさらに高くなる？ …… 59
郊外の一棟アパートはいざというとき売れない …… 60
新築のワンルームマンションは「守りの資産」にはならない!? …… 61
新築ワンルームマンションの収益力がない本当の理由 …… 62
中古のファミリー向けマンションは流行に左右される …… 64
激安中古ワンルームは安いなりのリスクが存在する …… 66

第3章　なぜ都内の築浅ワンルームマンション投資がいいのか？……69

ローリスク・ミドルリターンの都内築浅ワンルームマンション投資……70
ポイント①　人気の東京都内の物件だけど割安……70
ポイント②　好立地だからこそ空室リスクを下げられる……71
ポイント③　金利情勢が変わりそうだと思ったら繰り上げ返済ができる……71
ポイント④　余計な経費が上乗せされておらず価値相当である……72
ポイント⑤　流動性が高い＝売りやすい……73
ポイント⑥　流行に左右されない＝空室が出にくい……74
ポイント⑦　不動産投資が保険の代わりになる……74
ポイント⑧　東京都は人口減少に直面するのが緩やか……75
ポイント⑨　築浅ワンルームマンションゆえに長期のローンを組みやすい……77

第4章　コツコツと貯金する感覚でスタートできる不動産投資……79

投資対象と価格とリスクの関係……80
貯金ゼロ　20代のサラリーマンでさえスタートが可能……80
未曾有の金融緩和の到来により誰でも不動産投資を始めやすい……81

都内築浅ワンルームマンション投資法とは？ …… 82
さらなる複利効果を狙う方法 …… 86

第5章　不動産投資のリスクをよく知ろう …… 91
安定した守りの資産で収入を得るために必要なこと …… 92
不動産投資の5大リスクとは？ …… 93
第一のリスク「空室リスク」 …… 94
実は空室リスクを下げられないサブリース契約に注意する …… 96
サブリース会社の都合で賃料保証が停止に!? …… 97
30年一括借り上げの家賃を減額できるカラクリとは？ …… 99
家賃の滞納リスクにも備えが必要 …… 99
第二のリスク「金利上昇リスク」 …… 102
第三のリスク「修繕リスク」 …… 103
忘れてはいけない毎月の管理費と修繕積立金 …… 104
第四のリスク「価格変動リスク」 …… 111
第五のリスク「災害リスク」 …… 112

不動産投資での火災リスク対策は原則火災保険で対応……114
地震保険は入らなくていい!?……115
地震保険の保険範囲と補償額……115
契約書で正しい保険料率をチェックする……117
火災リスクを減らすには昔ながらの街並みのエリアは避ける……118
東京23区の地域危険度ランキングマップを調べよう……119

第6章　物件を選ぶ知識と知恵を身につける……123

ワンルーム不動産投資で失敗する理由を知っておく……124
失敗理由1　収益性に影響する高い金利での購入……124
失敗理由2　入居者がつきにくい地域の物件を買う……125
失敗理由3　街のブランドに踊らされて購入する……127
失敗理由4　値上がりトークに乗せられて購入する……128
失敗理由5　管理が機能していない激安物件を購入してコストがかかる……129
失敗しないために必要な3つのポイント……131
ポイント1「物件選び」……131

ポイント2「不動産会社選び」……132
ポイント3「管理会社選び」……133
物件を選定する方法……135
入居者目線に立って立地を選ぶことが基本中の基本……135
ワンルームマンション投資の立地が良いエリアとは？……136
ターミナル駅に一本で行けるエリアを探索しよう……137
人通りが少ないエリアは人気がない……138
商店街がある街は狙い目……138
一人暮らしの20代女性が住みたいかどうか？を考える……138
急に人気が出たエリアでの物件選定には注意する……141
マンションのブランド（マンションシリーズ）も注目しよう……143
物件周辺の住環境を特に重視する……145
現地調査は日中を重視する……147
間取りも正しくチェックしよう……149
部屋（専有部分）の設備にも注目しよう……151
相場の家賃を把握する……153
物件の管理状況を調べる……154

「管理規約」を確認する……154
「管理の収支」を確認する……155
重要事項説明のときに確認をしよう……158
再建築不可のワンルームマンションにも気をつける……158
売主物件か仲介物件かも調べよう……159

第7章　投資のパートナーである不動産会社を活用する……161

自分の投資スタイルに合わせて物件を選んでくれるかどうか？……162
不動産会社と金融機関の関係とは？……164
提携（案件持ち込み可）の金融機関が多い不動産会社は強い……164
融資が決まる3つの条件……165
①個人属性……166
②物件の収益力や担保力……167
③不動産会社の信用力……167
諸費用の内訳……168
物件購入の流れ……169

①マンションの選定・購入の申し込み……169
②売買契約の締結……170
③ローンでの購入の場合は金銭消費貸借契約を金融機関と結ぶ……172
④諸費用・残金の支払い……173
⑤物件の引き渡し（決済）……173
⑥その後の流れ……173

第8章　物件の資産価値は管理で決まる……175

管理で失敗するといつまで経っても収入は増えない……176
不動産業界の悪しき習慣のある管理会社は避ける……177
賃貸管理会社の仕事とは？……177
定額できちんと管理してくれる会社に依頼する……179
入居者募集の方法で管理会社の差が大きく出る……180
オーナーの利益になるように動いてくれるかがポイント……182
賃貸管理会社で休日がある会社は要注意!?……185

第9章　都内築浅ワンルームマンション投資を成功させた先輩投資家たち……187

投資期間8年間で7戸所有……188
五反田に1戸目を現金で一括購入する……189
2戸目 3戸目をローンで購入する……190
さらに物件を購入し続けて7戸になる……191
空室期間は平均10日前後……192
修繕や設備機器に対する備えも想定内に……193
立地さえ間違えなければリスクが少なく資産形成がしやすい……194
投資をしてから7年目で安定収入を実現……194
リスクから投資対象を考える……196
売買契約時に20分固まってしまう……197
1年ごとに2戸を購入する……198
家賃を上げて収入を増やす……199
年間300万円の収入をコンスタントに得ている……200
おわりに……205

第1章

あなたは貧乏老後を選ぶ？
それとも金持ち老後を選ぶ？

サラリーマンの定年退職後の心配事の52・6%は生活費が足りなくなること

フィデリティ退職・投資教育研究所が行った「サラリーマン1万人アンケート」(2016年)というのがあります。

その中のサラリーマンの退職後の心配事という項目で、最も大きな割合を占めたのが「定年退職後の生活資金が足りなくなること(52・6%)」でした。

雑誌やニュースなどで盛んに報道されていることから、関心が高まっていることは間違いありませんが、実際にはどのくらい生活資金が足りなくなるのでしょうか?

2014年、総務省の「家計調査報告」(60歳以上の無職世帯)によると、厚生年金や国民年金などの社会保障の給付が14万6668円。株式や国債などの金融資産、そのほかの雑収入で2万3970円。合計すると17万6388円となります。それに対して、一般的な支出は約23万円。およそ6万円ほどが、足りなくなるとされています。不足分に関しては現役時代に貯蓄をした貯金や退職金を取り崩して、賄っている状態なのです。

［高齢無職世帯の家計収支（総世帯）2014年］

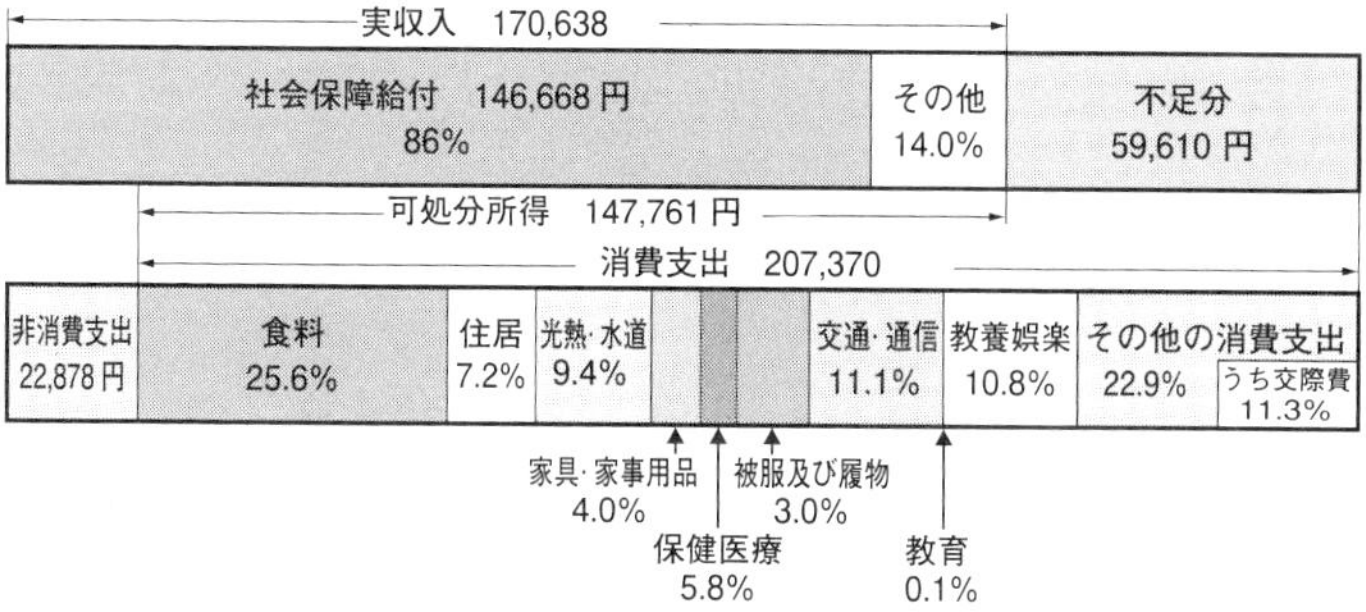

（注）1.高齢無職世帯とは、世帯主が60歳以上の無職世帯
2.「社会保障給付」及び「その他」の割合（%）は、実収入の内訳
3.「食料」から「その他の消費支出」の割合（%）は、消費支出の内訳

（出所）総務省「家計調査報告」平成26年

日本人の平均寿命は２０１６年、男性で80・98歳、女性で87・14歳となっています。年金支給が開始される65歳以降で仮に20年生きるとしたら、この不足分は約１５００万円となります。

もちろん、これは統計的な平均で、個々人によって年金の受給額はさらに減少するかもしれませんし、現在の年金制度は、ほとんどあてにできないという人もいるかもしれません。

そして、そもそも1カ月23万円で生活費が足りるのかという問題もあります。これまで毎月40万円で生活していた人が、定年で退職したからといっていきなり生活レベルを下げることはできません。足りない分を貯蓄などを切り崩すことで、補ったらどうなるのでしょうか？さらに短い期間で貯蓄が底をついてしまい、路頭に迷うことになってしまいます。

そのようなことにならないために、将来の生活の基盤となる資産をつくっておくことが、とても重要になってくるのです。

老後の生活費用は年金プラス1億円!?

ところで、老後の生活費用は一体いくらあれば、十分と言えるのでしょうか？

2015年の総務省「家計調査報告（家計収支編）」によると、高齢夫婦無職世帯（夫65歳以上、妻60歳以上の夫婦のみの無職世帯）の1カ月の家計収支は平均すると次のようになります。

実収入　21万3379円（うち社会保障給付は19万4874円）
支出　27万5706円（うち消費支出は24万3864円）
赤字　6万2327円

生活費や税金、社会保険料で出費がかさみ、毎月6万円ほどの赤字を貯蓄から取り崩して、補てんしているというケースが一般的のようです。

一年間の家計支出は３３０万８４７２円。仮に夫が90歳まで生きるとして、夫婦２人の25年間のおよその支出を計算すると８２７１万１８００円になります。このほかに住宅ローンの残債やリフォーム資金、趣味やレジャー、医療や介護費用などを加えると、だいたい２０００万円近くの費用がかかると言われています。つまり、夫婦２人の25年間分の老後資金として約１億円を確保しなければならないのです。

大卒で大企業に勤めているサラリーマンであれば、最低でも２０００万円から３０００万円程度の退職金が手に入りますが、１億円には程遠いということがわかるでしょう。不足分の補てん策を早急に考えなければならないのです。

若い世代は将来の貯金を貯めにくい時代

しかし、なかなか給料が増えないという状況で、将来のための貯蓄額を思うように増やすことができないのが、多くの人の現状でしょう。

金融広報中央委員会「家計の金融行動に関する世論調査」（２０１６年）によると、各世代別の貯蓄額は20代で１８４万円、30代で３９５万円、40代で５８８万円、50代で１１２８万円となっています。

特に20代から30代の若い世代においては転職の回数も多く、思うように貯蓄をすることが難しくなっていると言います。

さらに、あなたがこのまま正社員で雇用され続けるのであれば、将来的に資産を形成する機会はまだまだあると考えられます。しかし、仕事をいったん辞めて仮に派遣社員やパート、アルバイトといった非正規社員になれば、さらに将来のための資産形成の機会は大きく失われてしまいます。なぜならば、正社員と非正規社員の賃金格差がこれまで以上に大きくなっているからです。特に若いうちはそんなに格差は広がっていませんが、20代後半で約1・5倍、30代後半で2倍、50代で2・5倍以上の格差がついてしまうのです。

特に女性の場合、結婚や出産というライフステージを経験する人も多いでしょう。一度、キャリアを離れると戻るのが難しくなってしまうのが現状です。

現在も6割近くの人が、非正規雇用社員として働いていますが、自分の将来を保証してくれるための資産を形成することができずに悩んでいる人も少なくないのです。

［年齢別保有金融資産　2016年］

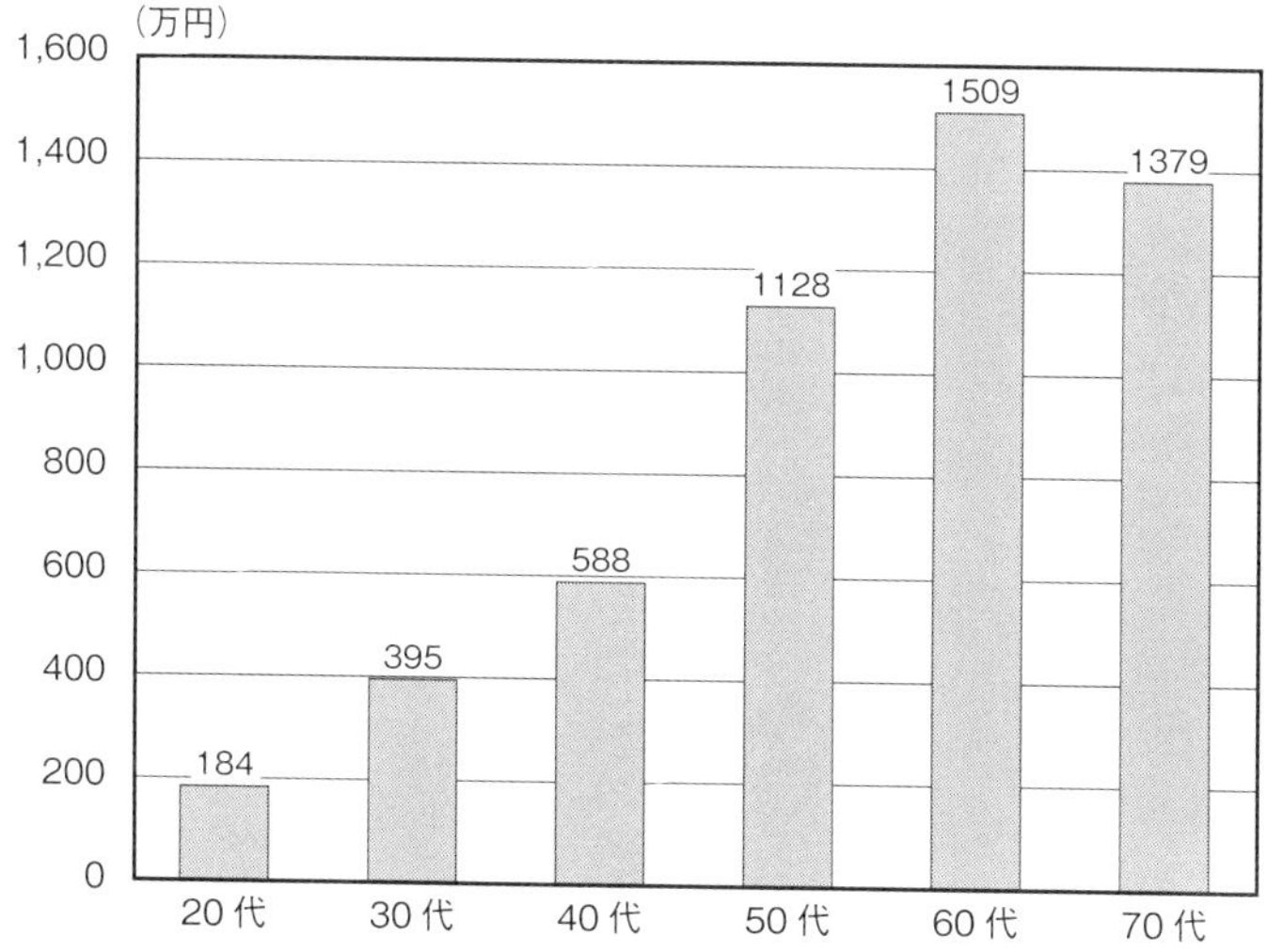

［正社員と非正規雇用者の賃金格差（時給ベース）］

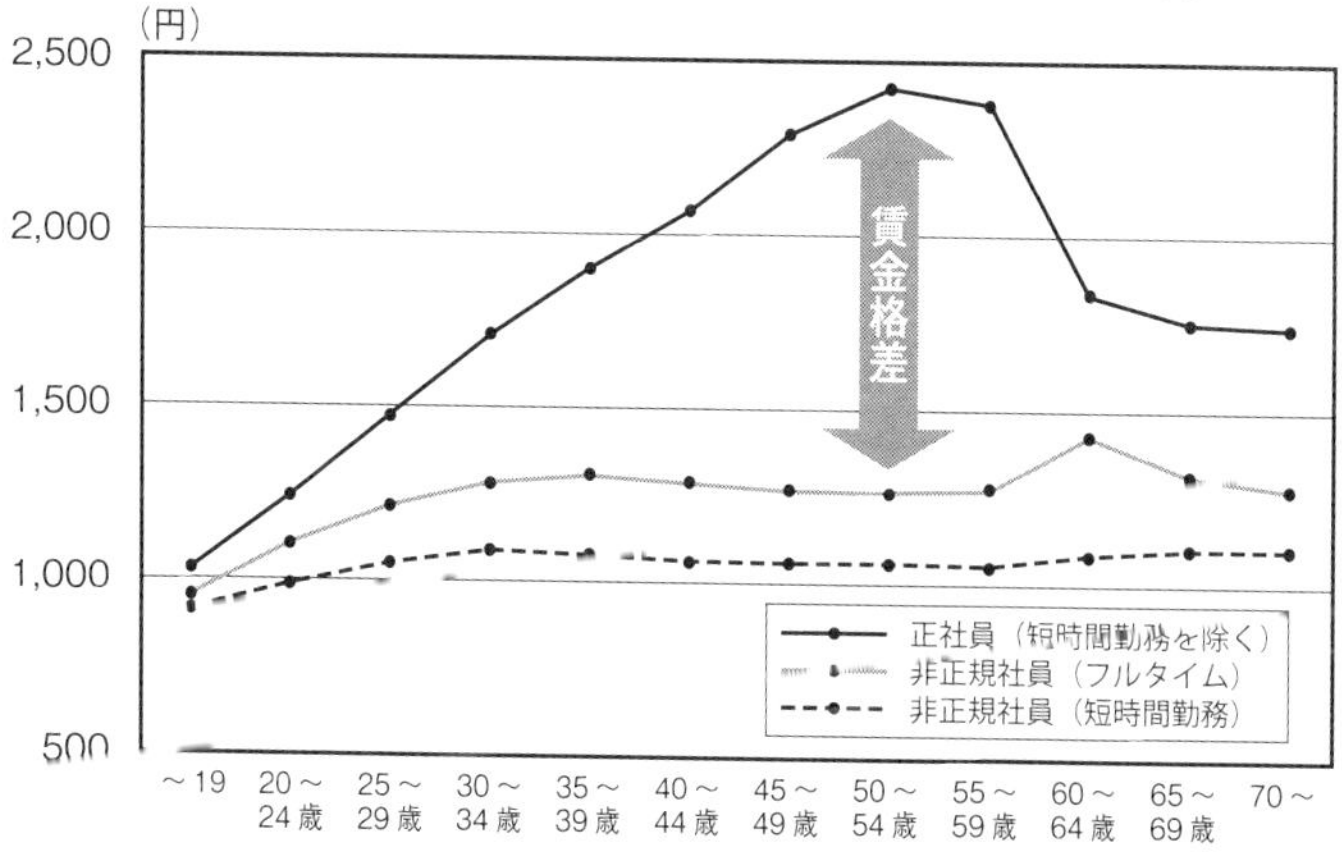

（注１）１時間あたり所定内賃金＝所定内給与額／所定内実労働時間
（注２）正社員は統計表上「正社員・正職員」に、非正規雇用者は「正社員・正職員以外」に該当

（出所）厚生労働省「平成28年賃金構造基本統計調査」

また、退職金の金額もここ10年で激減しています。

2016年10月22日号の『週刊ダイヤモンド』の調査によると、リーマンショックが起きた2008年から2013年の5年間で、1000人以上の大企業については、500万円以上急減しているのです。それだけではありません。退職金制度自体を廃止している企業が急増しています。今や4社に1社は、退職金制度がないとも言われています。もはや退職金をあてにして、老後の不安を払拭することはできない時代に突入しているのです。

たった一つの収入だけではなく複数の収入源を持つ

老後の不安を払拭するためにも、収入を補てんするための何か新しい収入源を見つける必要があります。しかし、そのような収入源はどのようにして見つければよいのでしょうか？

多くの人たちは、会社員として毎日働いてサラリー（給料）をもらって暮らしています。しかしこれまで紹介したように、サラリーが原資になっている年金を当てにすることは、ますます難しくなっていきます。

自分が理想とする余裕のある生活を享受するためには、サラリーというたった一つの収入源だけでは心もとないものです。ではどうすればいいのでしょうか？

実は答えはとても簡単です。まずは、複数の収入源を持つことです。

複数の収入源を持っていれば、一つの流れが少なくなっても、ほかの流れで補うことができます。サラリーマンとしての自分を取り巻く状況が変化しても、複数の収入源があればほとんど痛手にもなりません。

ところが、一つの会社で毎月の給料や退職金という収入源しか持っていなければ、その会社が無くなったり解雇されたりして、収入源が無くなってしまえば家計が破たんしてしまうことにもなりかねません。

特に最近では、東芝や日産、神戸製鋼所など、大手企業の不祥事が相次いでいます。現在はコンプライアンスが厳しくなっていますから、ひとたび企業不祥事が発生すれば、一気に倒産し、たった一つの収入源があっという間に絶たれてしまうことも珍しくないのです。

一部上場企業に就職しているからといって、安心はできません。来るべき老後に向けて、収入の泉が枯れないように、収入源をいくつも持っておくことが重要なのです。

複数の収入源に増やすための第一歩とは？

「そうは言っても何から始めればいいのかわからない……」という人もいるでしょう。そうやって悩みだすと、とかく間違った答えを出してしまいがちです。たとえば副業をするなどです。副業は確かに一つの収入源になり得ますが、自分の時間を削って収入を得ることになります。暇でなければ給料以外に収入を発生させることはできません。これではサラリーマンとして給料をもらっているのと変わりません。

そこで、今日から複数の収入源にするために、とても簡単かつ重要なポイントを一つ教えましょう。それは自分の時間を使って収入を得る方法を考えるのではなく、お金に働いてもらうことを考えることです。つまり「複利」を味方にするということです。ちなみに複利とは元手によって生まれた利子に利子がつくことを言います。

たとえば、あなたが今、1万円を持っているとしましょう。その1万円をどこかに預けて、倍に増やそうと考え金融機関に預けるとしましょう。2018年2月現在、普通預金の最高金利は0・02%です。この金利で預け続ければ倍になるためには何年かかるのでしょうか？

答えは、３６００年です。３６００年後ではいつまで経っても自分の将来を保証してくれるような、資産をつくることは不可能です。金融機関に自分の大切なお金を預けているだけでは、将来のために備えることができないというのはこれでよくわかったと思います。より利率の高い投資対象に、自分のお金を投資していく必要があります。

ところで、皆さんは72の法則をご存知でしょうか。72の法則とは、72を複利の金利で割るとどのくらいの期間で元手が2倍になるのか？　ということを示した法則です。

金融機関の普通預金に預けていたら、資産が倍になるのは３６００年になってしまいますが、たとえば、利回り３％の外国の国債に預けたら、24年に短縮されることになります。

さらに、利回り４％の中古区分ワンルームマンションに投資したら18年に短縮されますし、その中古区分ワンルームマンションのローンを完済して、利回りが10％になれば、投資資金が倍になるのは７・２年後となります。利回りが高くなればなるほど、複利効果でリターンもさらに大きくなるのです。

複利を味方につけて、投資によって得られた収入源から生み出される利益をさらに再投資することができれば、自分の収入を大きく上回る副収入を得ることも夢ではありません。

金融庁の資産運用シミュレーション（http://www.fsa.go.jp/policy/nisa2/moneyplan_sim/index.html）で複利計算を行ってみましょう。

左図にあるように毎月7万円の貯蓄で10％の複利で運用すると、10年後には元金と利息を合わせて1433万9149円です。同じ条件でそのまま20年運用すると5315万5819円。同じ条件でそのまま30年運用すると1億5823万4155円となります。長期間コツコツと積み立て、複利で運用すれば30年で1億5000万円を超えてしまいます。これが複利の効果です。

このような複利の効果を得るには、積立をし続けること。ほったらかしでも安定して運用できること。得られた収入を再投資し、さらに大きな収入を得ることが基本なのです。

安定して運用し、再投資を続ければ30年後には老後の心配がなくなる1億円を超す資産を得ることができるのです。

［積立金額と運用成果］

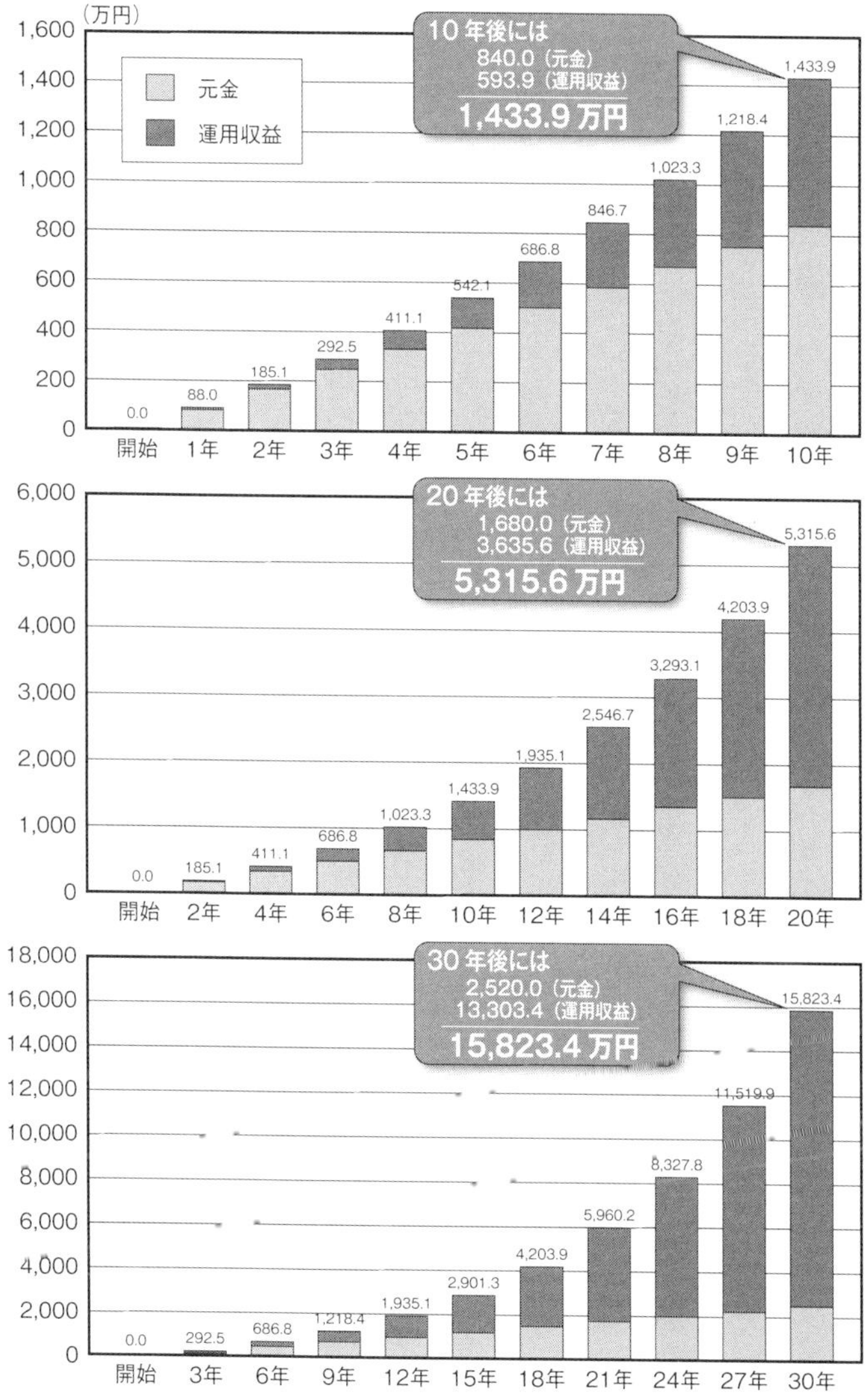
（万円）
元金
運用収益
10年後には
840.0（元金）
593.9（運用収益）
1,433.9 万円
0.0
88.0
185.1
292.5
411.1
542.1
686.8
846.7
1,023.3
1,218.4
1,433.9
開始
1年
2年
3年
4年
5年
6年
7年
8年
9年
10年
20年後には
1,680.0（元金）
3,635.6（運用収益）
5,315.6 万円
0.0
185.1
411.1
686.8
1,023.3
1,433.9
1,935.1
2,546.7
3,293.1
4,203.9
5,315.6
開始
2年
4年
6年
8年
10年
12年
14年
16年
18年
20年
30年後には
2,520.0（元金）
13,303.4（運用収益）
15,823.4 万円
0.0
292.5
686.8
1,218.4
1,935.1
2,901.3
4,203.9
5,960.2
8,327.8
11,519.9
15,823.4
開始
3年
6年
9年
12年
15年
18年
21年
24年
27年
30年

利回りの通りにお金が手元に返ってくるのか？　も重要

より高い利回りで自分の大切なお金を投資運用していくことは、とても重要なことです。ただ、その利回りできちんとシミュレーション通りに自分の手元にお金が戻るのかどうか、投資対象をきちんと吟味することも大事です。

昨今では「将来の年金の補てんのために」「年金代わりに投資をしましょう」という謳い文句で、マイナスしか生み出さない投資対象を紹介したり、そもそも利回り通りに収益を生み出さない投資対象が出回っています。

そうした投資対象に、大切なお金を投資しない知識を身につけることも、これからの時代には大事になってくるのです。

投資している人と投資していない人の退職金の準備額には約760万円の差がある

さて、サラリーだけではなく新しい収入源を増やすために、ちょっとした行動を取った人と、そうでない人の差は日々開きつつあります。

フィデリティ退職・投資教育研究所の調べによると、投資をしている人と投資をしていない人の

［投資をしている人、していない人の退職金の準備額の推移］

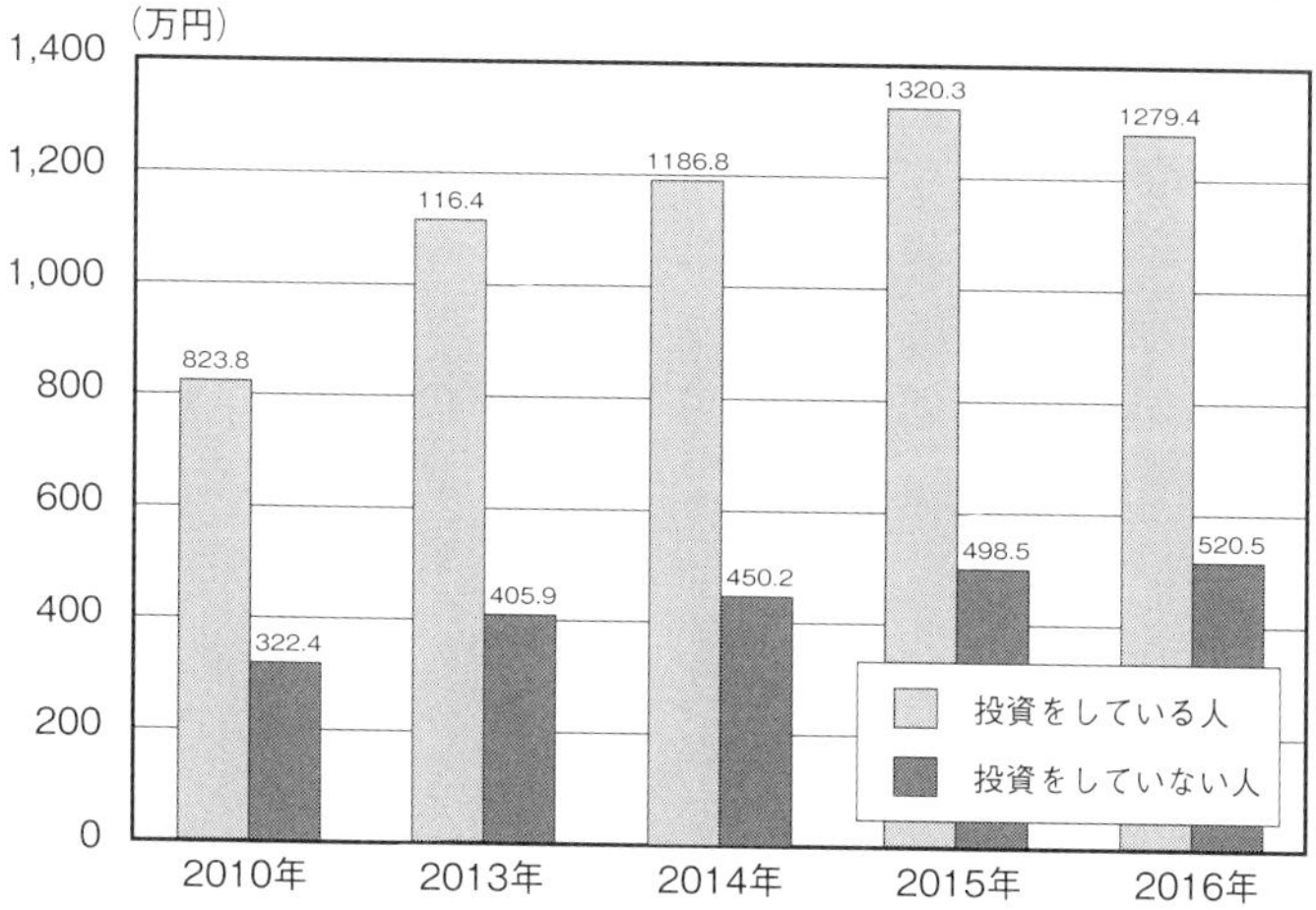

出所：フィデリティ退職・投資教育研究所、サラリーマン１万人アンケート（2010 年、2013 年、2015 年、2016 年）と、勤労者３万人アンケート（2014 年）

［投資をしている人、していない人の退職金の準備額の年収倍率の推移］

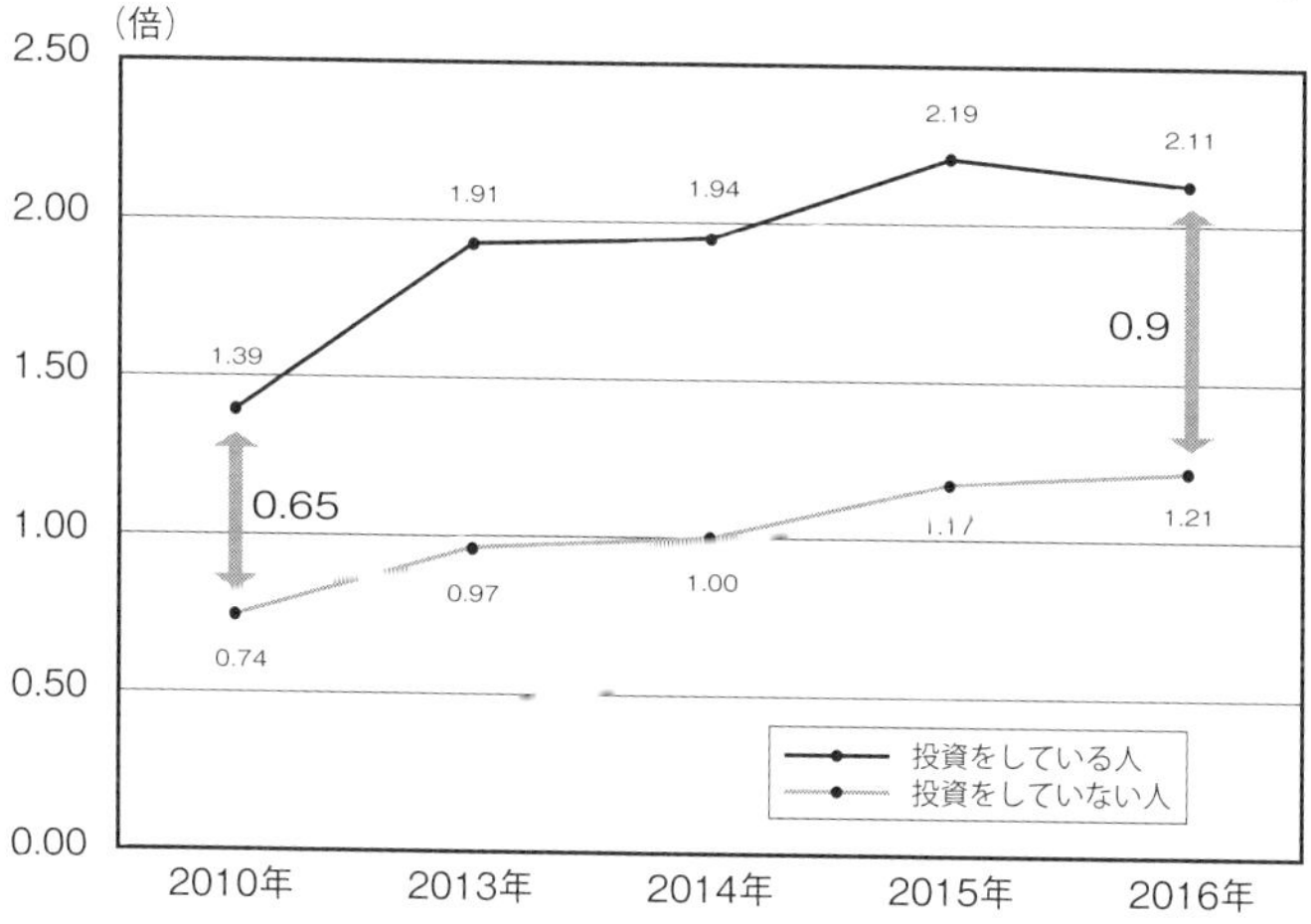

出所：フィデリティ退職・投資教育研究所、サラリーマン１万人アンケート（2010 年、2013 年、2015 年、2016 年）と、勤労者３万人アンケート（2014 年）

退職金の準備額には、なんと760万円もの差があるのです。

同研究所には、2010年から実施しているサラリーマン1万人アンケートというのがあります。この中で、投資している人としていない人の退職金の準備額を比較しています。

2016年の調査では、投資している人の退職金の準備額は1279・4万円。投資していない人の退職金の準備額は520・5万円となります。その差は758・9万円。投資している人のほうが約2・5倍ほど多いのです。

ただし、このデータが語っていることは、投資をすれば必ず退職金の準備額が増えるということではありません。退職金の準備額が多い人は、年収も高い可能性があるからです。そこで同調査では、退職金の準備額が年収の何倍になるかということで比較もしています。

このデータを見ると、投資をしている人は年収の2倍強、退職金の準備額を用意しているのに対して、投資をしていない人は年収の1倍強にとどまっていることがわかります。つまり年収にかかわらず、投資をしている人は退職金の準備額が多いということなのです。

投資をしている人は投資運用の方法についても学びますし、自分の持っている資金を一番良い方法で運用することについても学ぶことになります。もちろん投資資金をつくるため、コツコツと節約する努力もするでしょう。

そして投資の運用先の利回りは、現在の超低金利の利回りよりも良いケースが多いはずですから、それが投資していない人と投資している人の退職金の準備額の差に表れてくるのも間違いありません。

これからの時代は何らかの投資をして収入を補てんする時代

これまで紹介したように、これからの先行き不透明な時代は会社員の給料だけに頼らずに、収入源を複数持つということが必要になります。そうしておかないと、いざ自分に何か大きな問題が起きたときに対処することができませんし、不安も募ります。また、給料収入を補てんしてくれる複数の収入源を持つことによって、初めて自分の将来が描ける人も多いと思います。

たとえば、２０１７年の『経済財政白書』によると、２０１７年現在で29歳以下の若者層は、社会人になってからリーマンショックや東日本大震災という大きなショックを経験した世代です。そのため、景気拡大期になっても、所得を消費に回すことができず、就職氷河期世代（２０１７年現在で34歳から46歳の世代）と比べても、自分の今後の収入予測にかなり慎重になっていると言われています。

そして、生涯で得られる所得予測を低く見積もっている人が多いことがわかっています。若年層が生まれ育った経済環境と、今後の先行き不透明感が将来の不安をさらに掻き立てていると考えられるのです。

しかしこうした不安も給料以外の収入源を増やしていくことで、徐々に解消することができるはずです。

本格的な格差社会が到来しても安心して生活できる特効薬とは？

前述した正社員と非正規雇用者との所得格差はすでに深刻化しており、今後もこの傾向は続いていくと考えられます。

日本は国際的に見て所得格差が少ない国だと言われていますが、日本の社会の仕組みが変わらない限り将来的にほかの先進諸国と同様に、格差は広がっていくと考えられます。格差社会が固定化すればあなたがいくら頑張っても、夢のような余裕のある生活を享受することは恐らく一生できないでしょう。

では、どうすればいいのか？　答えは「資産」を保有するということです。

「資産」を持つことさえできれば、所得格差を縮めたり無くすことが可能なのです。もちろん、あなたが望んでいる夢の生活を享受することができます。

しかし、一方で「資産」を持つことができない人は、所得格差がどんどん広がってしまいます。格差が最大まで拡大したときに、貧困に陥って抜け出すことができなくなってしまいます。日々生活に追われ、病気に苦しんでもお金が無いので治療も覚束なくなります。世の中に絶望するような未来をあなたは迎えたいと思いますか？

だからこそ、とにかく早いうちに自分の守りの「資産」をつくる必要があるのです。そのためには給料以外に収入源を持つこと。そして、少しずつ資産を所有するための仕組みをつくることが大切です。

守りの資産をつくるための5つのポイント

それでは「資産」を持つためには何から始めればよいのでしょうか？

とても簡単なことです。それは、お金について次の5つの指標を自分の中でつくるということです。

第一に資産を持つために「お金を貯める目的は何か？」を考えることです。「資産」を増やすためには正しい行動が必要です。収入源は給料でよいというお金に対する考え方を変えることも必要ですし、正しい投資先を見分けるためにはお金に対する学びも必要になります。

そうしたときに、何のために投資をして資産をつくっているのか？　がしっかりしていないと続けることができません。

そして、続けることができなければ間違った情報に踊らされてしまいます。だからこそ、何のために投資をしているのか？　何のために資産をつくろうとしているのか？　を最初に設定しておく必要があります。

あなたのお金に対するスタンスを考えて書いてみてください。

私の投資スタンスは「　　　　　　　　　　　　」である。

たとえば「老後の資金の不足分を補てんするために投資をして資産を築く」「リスクの少ない投資先に投資する」などが考えられます。

例　老後の資金不足の補てん

第二に「目標額」です。これは最終的に自分が手にしたい目標金額を決めるということです。つまり自分の老後にどのくらいあればよいか？　を考えます。

まずは、もらえる年金額を計算してみるのもよいでしょう。

もらえる年金額の計算は、モーニングスターの年金簡易シミュレーション（https://asp.morningstar.co.jp/lpwasp-app/pension_data_in.do）などを活用して計算することができます。

次に最低限これだけは必要だという毎月の理想の収入額を考えます。理想の収入額から年金額を差し引いた金額が足りない金額になります。

たとえば、現在毎月40万円の手取りがあったとし、定年後も毎月40万円の収入が必要だとします。仮に年金額が18万円だったとすると、40万円引く18万円で22万円のマイナスになります。

定年後にもらえる年金額（毎月）（A）

例 18 万円

理想としてもらいたい金額（毎月）（B）

例 40 万円

※（B）－（A）＝足りない金額

足りない金額

例 22 万円

目標額（足りない金額）を実際に書いてみましょう。

第三に「投資金額」です。これは現在の日々の給料や余裕資金から、毎月もしくは年間でどのくらいの金額を捻出することができるか？　ということです。

言い換えれば、資産をつくるためにどのくらい投資をすることができるか？　ということを考えてみます。無理をするような金額は書いても意味がありません。どのくらいの金額だったら日常的な生活を破たんさせずに、続けて投資をすることができるかを考えてみましょう。考えることができたらまた記入をしてみましょう。

毎月「　　　」万円までならば、投資に回すことができる。

例　5　万円

毎月の収入や年収から投資資金を捻出するだけでなく、投資のタネ銭となる自己資金も重要です。投資に回せる自己資金（病気や怪我、職を失ったときに必要なお金を抜いた余裕資金のこと）も記入しておきましょう。

投資に回せる自己資金はどのくらいありますか？

例　500　万円

第四に「投資する期間」です。いつまでにどのくらいの資産が必要なのか、目標となる額をいつまでに達成したいのか？　ということを考えます。守りの資産に関する投資なので、何歳でリタイアして悠々自適に暮らしたいのかを考えます。

それが決まったら書き出してみましょう。

私は「　　　」歳、「　　　」年後までにリタイアしたい。

例 60 歳	例 20 年後

書き出した年齢までの期間が投資期間となります。この投資期間でどれだけの利率で資産をつくり、老後の収入減を補うのか逆算して考えていきます。

第五は「投資対象の利率」です。投資をするお金を一体どのくらいの利率で運用するかによって、目標を達成する期間も変わってきます。ただし、利率は高ければ高いほど投資に対するリスクは当然のことながら高くなります。投資に対するリスクが高くなれば自分の目標を達成することができなくなるかもしれません。

これから行う投資は自分の将来のための収入の補てんであり、また守りの資産をつくるための投資となります。先ほど書いた投資する期間から利率を考えてみましょう。あなたが現在30歳であれば30年後に、あなたが現在40歳であれば20年後に、いくらの収入があればいいのか利率を算出します。利率を高くするよりも投資期間を長くして、5～10％程度にとどめておくのがよいでしょう。

私が投資する利率は、「　　　　　　」％である。

例4
％

たとえばあなたが現在40歳だとします。自己資金は金融広報中央委員会「家計の金融行動に関す

る世論調査」の40代の平均値588万円だとしましょう。

ここで先ほど紹介した金融庁の資産運用シミュレーションを活用してみましょう。（http://www.fsa.go.jp/policy/nisa2/moneyplan_sim/index.html）

利率「4％」の複利運用で毎月「5万円」を投資し、投資期間が「20年間」だった場合、20年後には1833万8731円となります。定年後の生活に足りない金額は8000万円以上と言われていますから、4％の利率では不足します。

この場合利率を増やすか、投資額を増やすか、投資期間を延ばすかして定年後に足りない金額を作り出すようにします。

投資期間を延ばすのは難しいでしょうから、仮に利率を倍の8％にして投資金額を14万円にするとしましょう。そうすると、20年後には8246万2858円となり、生活費の足りない部分を補てんするだけの資金を得ることが可能になります。このようにして自分の投資スタイルを一度シミュレーションしてみれば、投資先も具体的に決まっていくでしょう。

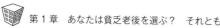

５つのポイントのすべての項目が埋まったらいよいよ将来へ向けての収入源づくり、資産づくりについてご紹介していきましょう。

［積立金額と運用成果（毎月５万円を 20 年間、利率 4％で複利運用した場合）］

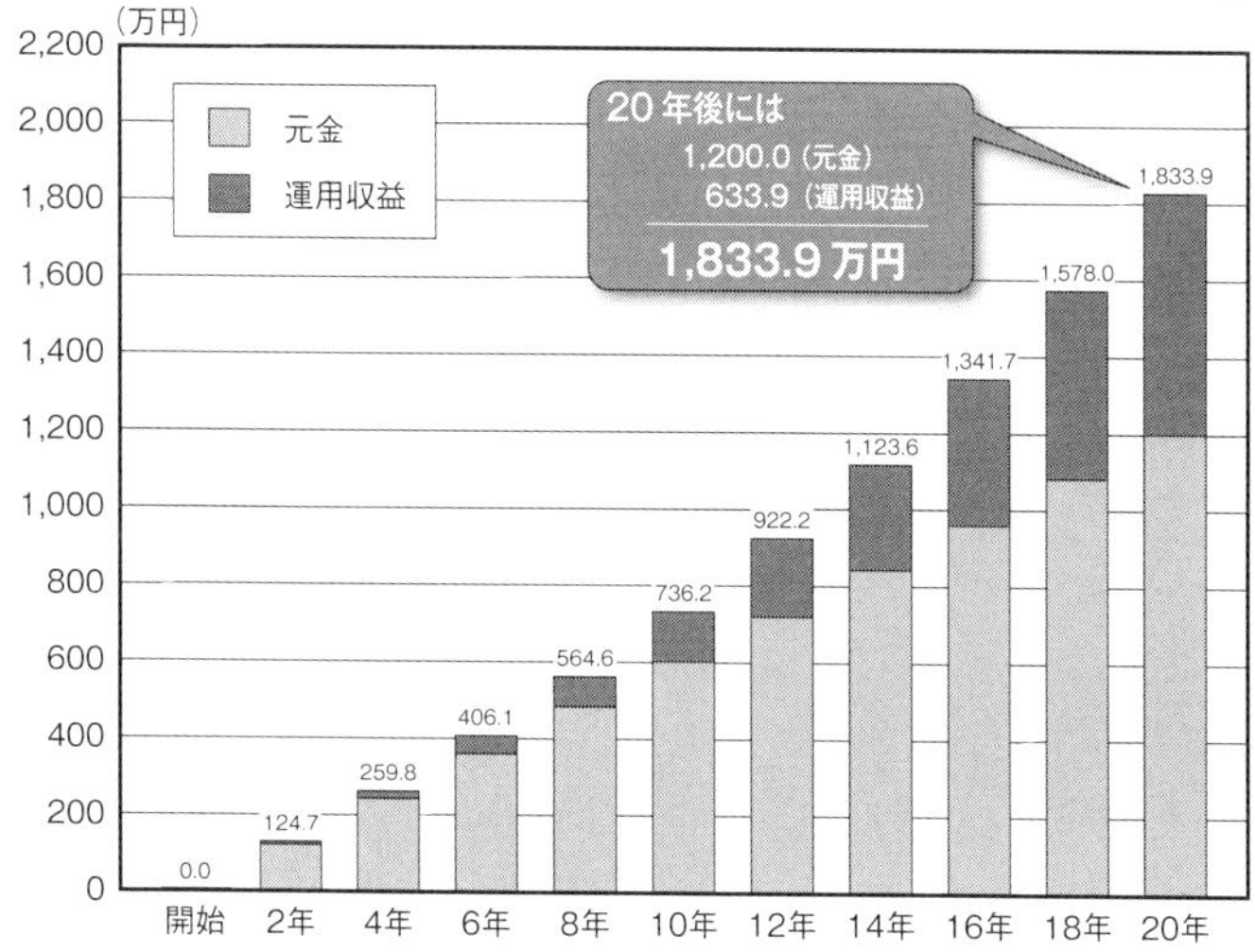

［積立金額と運用成果（毎月 14 万円を 20 年間、利率 8％で複利運用した場合）］

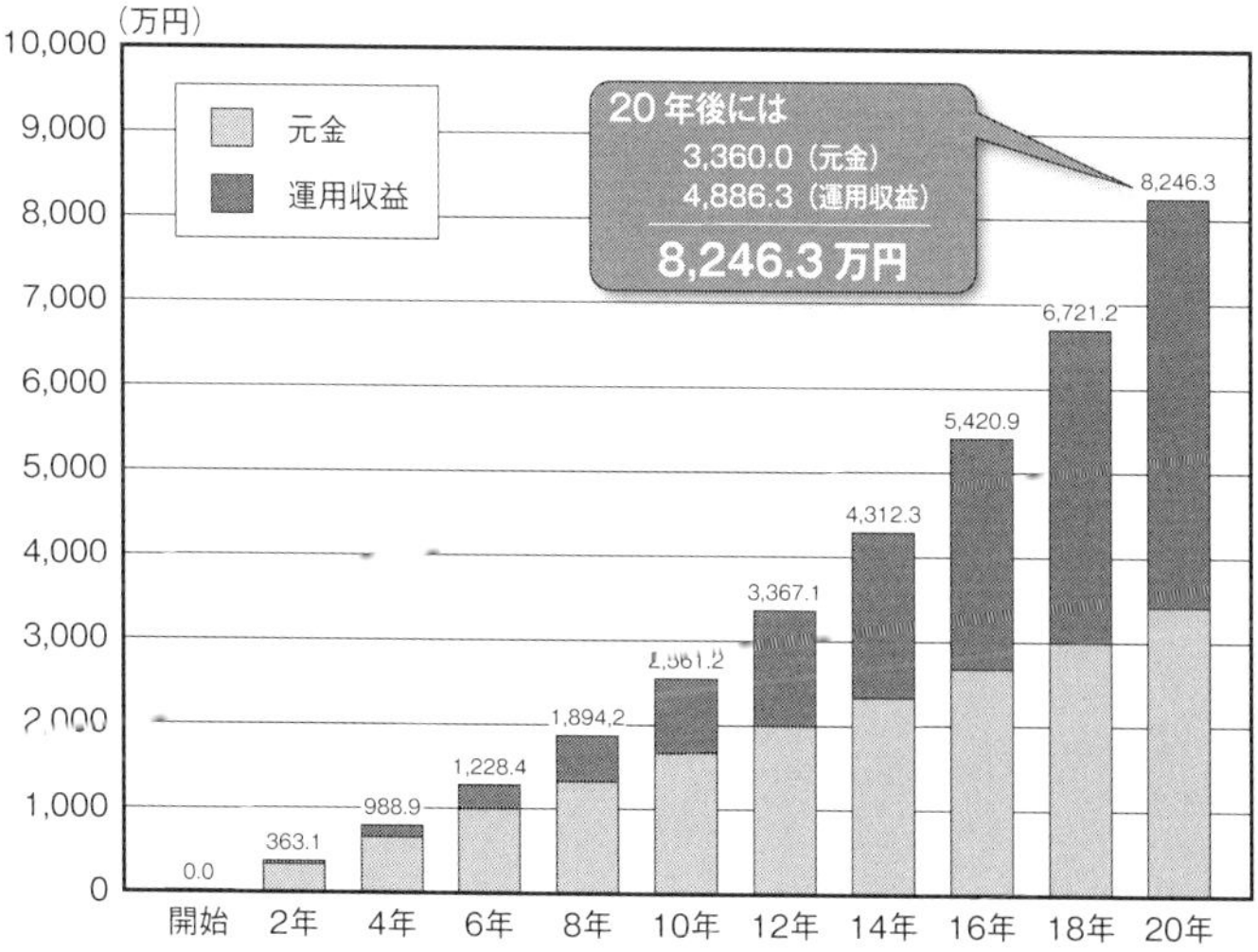

第2章

老後の資金を補てんする安全安心の投資対象は何か？

老後の資産を安定して運用できる投資対象とは？

将来の守りの資産をつくるためには、給料以外の収入源をつくることが大切です。しかし投資先もさまざまです。

企業が発行する株式に投資する「株式投資」世界中の通貨の変動を見極めて外貨に投資をする「FX投資」最近ではビットコインに代表されるような仮想通貨に投資をする方法もあります。

しかし株式やFX、さらに仮想通貨に対する投資は、利率（リターン）が高い分リスクも高いと言えます。投資した金額が半分になってしまったり、最悪の場合紙くずになってしまったりすることもあるのです。特に投機の様相を呈している仮想通貨ではさまざまな問題が次第に明らかになり、非常にリスクが高いということがわかってきたのではないでしょうか。

もちろん、最悪ゼロになってもいい余裕資金で投資をするなら別です。

しかしながら第一章で書き込んでもらいましたが、資産をつくる目的は多くの人が定年後の収入の補てんです。

老後のための守りの資産をつくるには、投資した金額が半分になってしまったり、ゼロになって

［ワンルームマンションの賃料と東証株価指数］

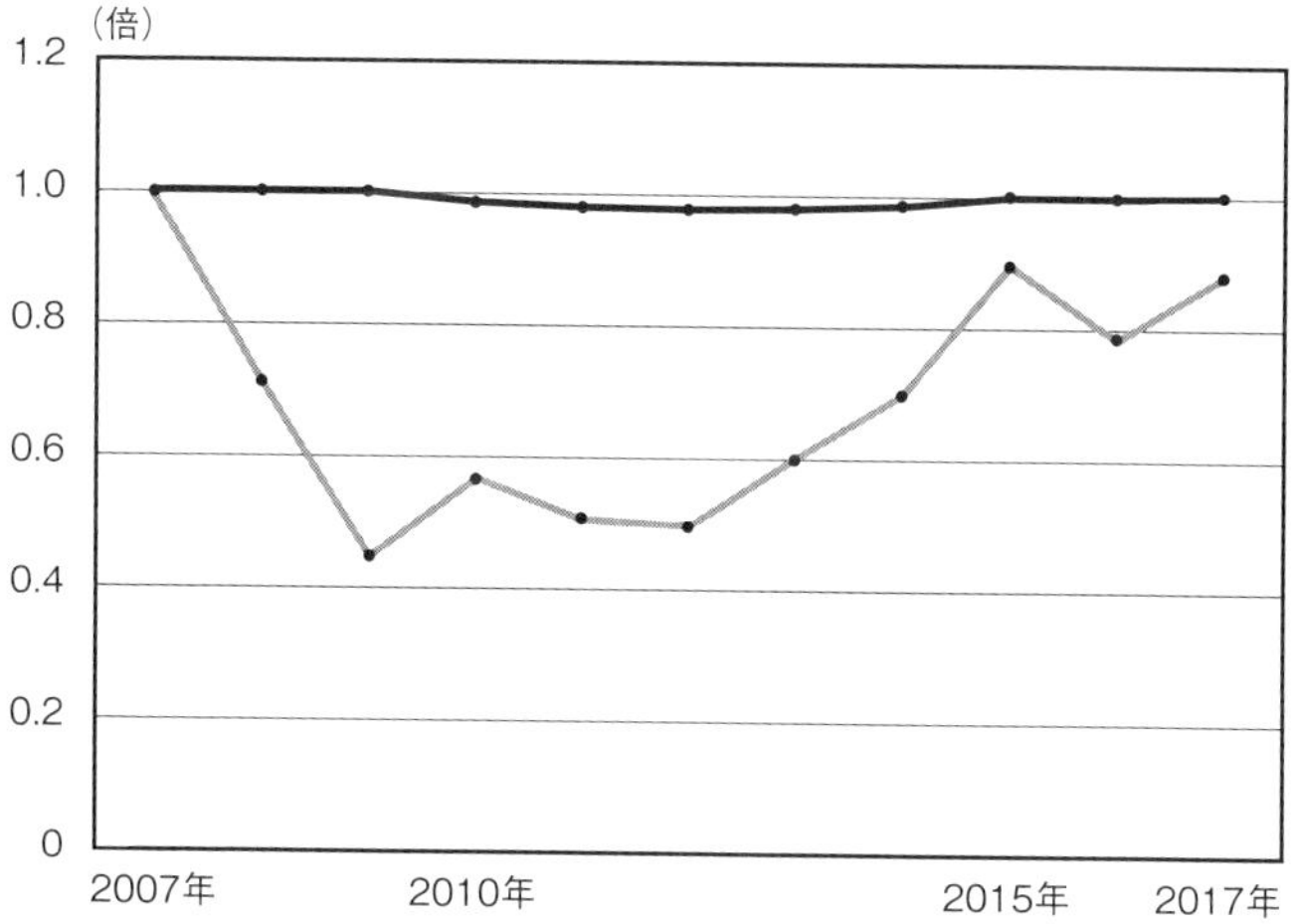

しまうような高いリスクを取りながら運用する必要はありません。むしろリスクを減らし、そこそこの利率で着実に増やしていくこと。つまり、ミドルリスクでミドルリターンの対象に投資をするべきなのです。

では、ミドルリスク・ミドルリターンの投資対象というのはどのようなものがあるのでしょうか？　代表的な投資先が不動産投資なのです。

まずは上の図を見てみましょう。２００７年から２０１７年までの首都圏のワンルームマンション賃料と、東証株価指数（毎年3月末の終値）を、２００７年の数値を1として指数化したものです。

10年間の値動きですが、ワンルームマンション賃料はほとんど変わりがないのに対して、株価は大きく変動していることがわかります。10年間でときには元手の半分になることもありますし、元手の1・5倍になることも珍しくはありません。もちろん、ゼロになってもよいという余裕資金で投資をするのなら問題はありません。

しかし、株価のように価格がこれだけ乱高下すると、収入の補てんの目的を果たすことは難しくなります。最悪の場合、資産そのものが無くなっている可能性すらあるのです。

いざというときに、補てんのための収入が得られないとか、資産そのものが消え失せているのでは困ります。将来の補てんのための収入源をつくるためには、やはり安定した収入が得られる対象に投資したいものです。だからこそ、ミドルリスク・ミドルリターンの不動産に投資をするのです。

不動産にも高いリスクの投資対象がある

ところで、不動産投資と聞いて

「えっ！　不動産投資？　不動産投資は儲からないと聞くけど……？」

と言う人もいるでしょう。

実はミドルリスク・ミドルリターンが魅力の不動産投資ですが、一口に不動産投資といってもいろいろあるのです。

一棟アパートや一棟マンションに投資する方法もあれば、マンションの1室を購入するといった区分所有で投資する方法もあります。はたまた築60年ぐらいで、床が抜けるようなボロボロの物件に投資して再生し、それで収益を上げる方法もあります。ミドルリスク・ミドルリターンと言われている不動産投資ですが、投資対象によってはハイリスク・ハイリターンになることもありますし、ローリスク・ローリターンになることもあります。

さらに、残念なことに一部の悪徳不動産会社から詐欺にあったり、カモにされたり、騙されてしまうというケースでは、ハイリスク・ローリターンになってしまうこともあるでしょう。

だからこそ、自分の目的に合った投資対象を見極めることが何よりも重要なのです。

ボロ物件投資は実はハイリスク・ハイリターン

たとえばハイリスク・ハイリターンの代表格と言えば、ボロ物件投資です。

資産価値がほぼゼロに近いボロ物件を購入して、それを再生して家賃収入を得ることです。うまくいけば元手がかかっていないのですから、家賃収入はほとんど収益となり、高利回りのリターンが期待できます。ボロ物件を再生して家賃収入を上げている事例の中には、利回りが20～30％なんて当たり前の物件もあります。しかし、利回りだけに目を奪われてはいけません。

あまりにボロ物件すぎて基礎を直さなければいけなかったり、水回りに問題が頻発して常に修繕が必要だったりで、高い収益がすべて修繕で消えて無くなる可能性もあります。

それだけではありません。そもそも立地が悪すぎて、修繕したもののまったく入居者が決まらない物件もあります。会社員で不動産投資をスタートする場合、金融機関からアパートローンで融資を受けてスタートをするという人が多いと思います。入居者がいないと収入はゼロになるので、もちろんローンを返済することもできません。所有するだけでマイナスが増え続けていくという物件もあるのです。

こんな話もあります。部屋数が15戸の一棟アパートを購入した外資系企業に勤めるサラリーマンの方のお話です。その方の名前を仮に山本さんとしておきましょう。

山本さんが狙っていた物件は、ベッドタウンとして知られるエリアの外れにある物件でした。生活保護を受けている入居者も多く、アパートの築年数も40年を超えていました。度重なる売買交渉の結果、山本さんは相場よりも安い価格で購入することができたと喜んでいましたが、その物件にはとても大きな問題があったのです。それは、入居者の中に心の病を患っている人が住んでいたということです。

休日を利用するなどしてアパートの修繕をしていた山本さんでしたが、ある日入居者からの苦情が発生します。心の病を患っている入居者が、真夜中に奇声を上げて騒ぎだすというのです。実態を知らない山本さんは、管理会社に対応を任せたものの、何か自分で動こうとは思いませんでした。

一向に事態は改善せず、一人また一人と入居者が去っていく事態にまで発展していきます。ついには15室あるアパートの入居者はたった2人にまで減ってしまい、所有し続けるだけでマイナスが出続ける物件になってしまったのです。売却をしようと試みたものの、なかなか買い手が見つからず困り果てていましたが、なんとか物件の価格をギリギリまで下げたおかげで買い手がついたそうです。破産することは免れましたが、投資した金額の回収は不可能であることが後に判明することになります。

このように、ミドルリスク・ミドルリターンと言われている不動産投資にもリスクが高い投資対象は存在するのです。

だからこそ、守りの資産形成に適した投資対象を選ばなければいけません。ではどのような投資対象が良いのでしょうか？

不動産投資の利回りの表記には注意する

不動産投資では2つの利回りがあります。①表面利回りと②実質利回りです。表面利回りとは、年間家賃収入を物件の取得価格で割り100をかけた数値です。経費や税金、修繕費用などのコストをまったく考慮に入れていないため、ざっくりとした利回りという意味でグロス利回りと称されることもあります。

なお、家賃収入は満室想定です。物件によってさまざまですが、実際には2～3割ぐらいの空室があったりして、表面利回り通りにはうまく回らないケースもあります。

問題は、表面利回りが販売図面と呼ばれる物件の概要書に掲載されていて、あたかも表面利回りの収入が最終的な手取りとして表示されているところです。実際に不動産投資をスタートしたら、表面利回りと同じ額の家賃収入はないと考えたほうがよいでしょう。

実質利回りとは、年間家賃収入から経費、税金、修繕費用などを差し引きしたものを、購入諸経費を含めた取得価格で割った数値です。表面利回りよりも実態に近い数値となります。

しかし、実質に近いといっても、いろいろかかる経費などは、過去の平均的な支出から計算した

［実質利回りの算出の具体例］

手取り家賃	÷	物件価格	＝	実質利回り
913,200円		2,120万円		4.30%

手取り家賃の算出

{管理費込家賃 91,000円 －（建物管理費等 5,700円 ＋ 修繕積立金 5,700円 ＋ 賃貸管理手数料 3,500円）}× 12

ものなので、あくまでも目安として考えるのがよさそうです。

ワンルームマンションの実質利回りは次のような計算方式で算出することができます。

年間手取り家賃÷物件価格＝実質利回り

手取り家賃とは、管理費を含めた家賃から建物管理費、修繕積立金、賃貸管理手数料を引いたものを12倍したものを言います。

ワンルームマンションの利回りを判定するときには、表面利回りではなく、必ず実質利回りを見ることが重要です。

一棟アパート 区分マンション 新築 中古 何を選ぶべきか？

不動産投資の中にも、リスクが高い投資対象は存在します。では、どのような投資対象を選べば着実に守りの資産形成を目指すことができるのでしょうか？ 不動産のさまざまな投資対象を挙げながらご紹介をしましょう。

一棟アパートは実は空室リスクを抑えられない

不動産投資で最も高いリスクは？ と言われたら「空室リスク」です。空室リスクとは後ほど詳しく紹介しますが、入居者がいない状態が続くことで、家賃収入が得られずそれによって苦しい状況に陥るリスクのことを言います。そのような空室リスクを減らすために、よく「一棟アパートを持とう」という主張を目にします。

これどういうことかというと、仮に区分マンション1室に投資したとします。そこで空室が発生すれば家賃収入はゼロです。しかし一棟アパートであれば、1室が空室になってもほかの部屋に入居者がいれば家賃収入を確保することができます。収入がゼロにならないというところが一棟アパートを薦める理由です。

空室リスクを下げられること以外にも、部屋数が多いので家賃収入がマンションの区分所有に比べて多いということもあるでしょう。しかし一棟アパートには、これまで紹介しているようにさまざまなリスクも存在します。

そもそもニーズがないエリアのアパートなら、１室の空室どころか半数以上空室になったり、空室期間が長引いたりします。アパートだからいいとは言えないのです。

初期費用（自己資金）は物件の３割も必要になることもある

たとえば、一棟アパートに投資をするときの価格帯を見てみましょう。投資する場所にもよりますが、数十戸の部屋数があるアパートですと８０００万円以上の投資が必要になります。普通のサラリーマンなら８０００万円から１億円の借金をすることに躊躇する人も多いと思います。不動産投資がうまく回らなければ、大きな借金をしている分持ち出しも多くなります。ときには数十万円、数百万円という単位になることもあるでしょう。こうした持ち出しは給与収入を大きく上回ることになりますから、いずれ回らなくなって破たんしてしまうのです。

８０００万円以上の投資をするために金融機関から融資を受ける際、頭金として購入価格の１割から３割を入れてほしいと言われることがあります。

今まではフルローンやオーバーローンで購入できたケースもありましたが、２０１７年に日銀と金融庁が、アパートローン向けの融資を引き締めた結果、有利な条件で物件を持つことは難しくなりました。特に多くの頭金を捻出することはサラリーマンにとっては大きな痛手です。

仮に1億円の物件に投資をしようと考えると、頭金で必要な金額は1000万円から3000万円となります。頭金は自己資金で賄わなければなりませんが、1000万円から3000万円といった貯蓄に成功している人はかなり少ないのではないでしょうか？　しかも、これ以外に別途登記費用や不動産取得税、固定資産税、火災保険、仲介手数料などの購入時にかかる諸経費が1割程度かかります。自己資金を含めた購入時にかかる費用としては2000万円から4000万円の現金が必要になります。

第1章で紹介した年齢別保有金融資産にある通り、30代で約400万円、40代でも約600万円が平均の貯蓄金額です。ですから投資をしたくてもできないというのが現状なのです。

金利が変わるととんでもないことに

高額のアパートローンを抱えていると金利情勢が変われば返済額も当然ながら大きく変わることになります。

2017年12月に、日本の日本銀行に相当するFRB（米国準備制度理事会）が、政策金利を0・

25％引き上げることを決定しました。景気の拡大は依然として続いていて、今後は経済がバブルとならないように利上げを行って、金融引き締めを段階的に行うとされています。日本の金融情勢も景気が安定して拡大に向かい、物価の上昇が目標値に達すれば利上げが行われ、金融が引き締められることになります。高額な借金をしていると、金利情勢が変わったときに利息が高くなって返済が苦しくなってきます。

それは冒頭で紹介した複利効果を逆に使うことと同じです。つまり、借金がさらに大きな借金を生み出す最悪なパターンです。

たとえば、１億円を融資してもらって30年で返済する場合、金利が３％であれば１カ月の返済額は42万１６０４円となります。しかし金利情勢が変わり、５％になれば53万６８２２円となります。ほぼ10万円上がるわけです。倍の10％になれば、87万７５７１円。金利が５％のときと比べて約34万円高くなるわけです。満室経営で収入が常にあれば問題ありませんが、空室が続いたりたま空室が多くなったりしたら、借金の補てんを自分の貯金や給料から出さなければならないことになります。貯金や持ち出しで回せているうちはいいですが、次第に厳しくなってくれば破たんしてしまうことも考えられます。なるべく高額なローンはしないこともリスクを減らす一つの方法なのです。

修繕や維持に関わる費用もバカにならない

築年数が古い一棟アパートの場合、修繕に関わる費用が意外とバカになりません。よくあるのが給水施設の問題です。

古い物件や10階以上の高層物件だと、上水道が流れている配水管から直接取水する直結増圧式の仕組みではなく、受水槽に水を貯水してから各部屋に給水する受水槽式の仕組みであるケースが多いのです。受水槽式の場合年に1回の水質検査や清掃が義務づけられていて、年間の維持費用が10万円以上かかる場合があります。古い施設の場合は受水槽が壊れたりすることも多く、その際の修繕費は数百万円かかるケースもあります。また、坂の多い街にありがちな擁壁《ようへき》。見た目は石垣のようですが、土地の高低差を利用して土が崩れないように抑えているのが擁壁です。擁壁には建築時には適正であったものの、現在では既存不適格の擁壁が多く、地震などで崩壊した場合こちらも数百万円といった単位の修繕費用がかかります。

たとえば、物件に水路を渡ってしかアクセスできない場合、橋が架かっていたりすることもあります。実はこの橋が市区町村のもので、市区町村に使用料として毎月お金を支払わなければならなかったり、維持管理費用として数万円出さなければならなかったりと余計なところで出費が重なることもあるのです。

施設を維持するための出費を計算に入れながら、シミュレーションをして収益を上げるのは意外と難しいのです。

郊外に格安物件を購入するのはリスクがさらに高くなる？

少しでも初期投資を安くしようと、首都圏の郊外に一棟アパートを購入する人たちもいます。郊外で駅から離れている物件の中には、４０００万円台、５０００万円台の一棟アパートも存在します。

しかし、郊外に物件を所有してもその物件の立地をきちんと見極めなければ、入居率を高めて収益を上げるのはかなり難しくなります。初期投資が安いのは、収益力がそもそもない物件だからこそだということを頭に入れておく必要があります。

また郊外にある一棟アパートは、もともとその土地の地主が節税目的や土地の有効活用目的で不動産会社に薦められて建築したものが多いのも事実です。その多くの物件は収益性も考えずに建築されているため、蓋を開けてみると入居者がまったく集まらないなど、集客力が低い物件であることも少なくないのです。そのような物件を素人の不動産投資家が再生するには、かなりの苦労が伴うはずです。

郊外の一棟アパートはいざというとき売れない

さらに大きい問題が売却時の問題です。郊外にある土地は一般的に、土地の価格が低いというのが常識として知られています。高いものを安く売るのであれば買い手も見つかりやすいのですが、もともと安いものはニーズがないのですから買い手を見つけにくいのです。

また、木造アパートの減価償却期間は22年です。減価償却期間がなくなれば、毎年経費として計上していた減価償却費を計上できなくなります。減価償却費は支出の伴わない経費なので、減価償却費を計上できるかできないかでキャッシュフローが大きく変わってきます。前述した通り、一棟アパートは細かい維持費や修繕費がかかるので、手元にお金があるかどうかが死活問題になってきます。建築されてから22年以上経っている物件であれば、減価償却費を計上することができないことになります。

ほかの個人投資家は、経費計上ができる減価償却期間がある物件を狙おうとするので、さらに売りづらくなるというわけです。

また投資対象の優劣を判断するのに流動性というのがあります。いざというときに売れて現金に変えられる投資対象は、守りの資産の条件として必要なものですが、郊外の一棟アパートは前述したような理由で流動性は低いと考えられるのです。

新築のワンルームマンションは「守りの資産」にはならない!?

区分マンションの不動産投資と言えば、新築ワンルームマンションの投資がよく知られています。新築ワンルームマンションのセールストークと言えば「将来の年金の足しになる」「家賃収入で収入減を補う」「節税にもなり、将来の保険代わりになる」などがあります。しかし、本当に「将来の年金の足しになる」かどうかは疑問の残るところです。

というのも、そもそも新築ワンルームマンションは販売されるときに実勢価格以上で値段がつけられて販売されているからです。そのため購入後３割以上値下がりすることが一般的です。資産の価値が下がるということは家賃も一緒に下がるということです。家賃が下がれば当然ローンの返済にも大きな影響があります。想定した返済計画通りに返済できないことが多いのです。そのため持ち出しが多くなり、収入の補てんどころではない事態となる可能性もあります。

かつて次のような方がいました。新築のワンルームマンションを都内で購入し価格は２５００万円。家賃は7万5000円で、表面利回りが3・6％です。ローンの返済や諸経費を差し引くと毎月2万円の赤字になっていました。

それでもローンを完済すれば自分のものになると考えて投資をしたのでしょうが、冷静に考えたら怖くなってきたと相談に来られたのです。私たちは仲介も行っているので売却の相談に乗りましたが、どう見積もっても1600万円以下でないと売ることができません。購入してからたった1カ月しか経っていないのに、すでに売買市場では3割以上値下がりした金額となっていたのです。売却もできずに毎月マイナスを垂れ流し、これから35年間借金を返し続けるとなると先が思いやられるとのことでした。

新築ワンルームマンションの収益力がない本当の理由

新築ワンルームマンションが都内で収益力がない決定的な理由があります。それは、ワンルームマンションの建築規制があること。東京都は総世帯数の約半分が単身者世帯で、圧倒的に単身者の割合が多いと言われています。このため、そうした単身者向けのワンルームマンションが多数建築されています。しかし、自治体は住民として定着しない、地域活動に参加しない、住民票を置かないことで住民税を免れるような単身世帯を減らして、ファミリー層を増やすという政策にシフトしています。

建築規制の内容としては、千代田区の指導要綱では、専有面積25㎡以上、総戸数20戸以上が絶対条件でその上で、住戸（40㎡以上）の専有面積の合計が全住戸の専有面積の合計の１／３以上となること。渋谷区は条例で、一戸あたりの専有面積を全て28㎡以上とし、さらに50㎡以上の住戸を併設すること。豊島区の場合は、30㎡未満のワンルームマンションには、建築主に１住戸50万円課税するなど、ワンルームマンションに対してはかなり厳しい条例が次々と制定されています。そもそもワンルームマンションを建築すること自体ハードルが高いことに加え、最近では建築費の高騰などで、ほかの地域と比べると非常に割高になっているのが大きな問題です。建築規制通りに物件を建てるとどうしても広めのワンルームになってしまうので、家賃を高く設定せざるを得ません。家賃が高くなれば空室リスクが高くなってしまうのです。

また、新築ワンルームマンションは、新しいということで金融機関の融資を受けやすくなっています。このため投資をスタートしやすいのですが、これが新築ワンルームマンション投資の本当のリスクを見逃す原因にもなっています。買いやすいとか投資を始めやすいということだけに目を奪われるのではなく、きちんとリスクをシミュレーションした上で投資をする必要があるのです。

中古のファミリー向けマンションは流行に左右される

中古のファミリー向けマンションも投資対象として人気のある物件です。中古のファミリー向けマンションを購入して、投資している個人投資家の方も多いと思います。中古のファミリー向けマンションの投資のメリットは、入居者の入れ替えが少ない点でしょう。一度入居してしまえば、何十年も入居し続けてくれるケースもあったりします。

しかし、中古のファミリー向けマンションは、流行り廃りがあるのでそのときの人気の間取りや仕様に大きく左右されます。

たとえば、1955年には間取りが2Kの物件が人気でした。貸家やアパートが中心で畳の部屋が多く、付属設備はほとんどありませんでした。『ALWAYS 三丁目の夕日』に出てくるような昭和時代の間取りです。戦後10年で日々の生活に追われ、家に対する注文や好みがなかった時代でもあります。

1975年から1989年ぐらいまでは、小分けされたタイプの部屋が人気がありました。経済的には2度にわたるオイルショックも落ち着いて、日本人がやっと豊かさを享受できる時代になりました。バブル経済も経験し、日本人の目が外に向いていたということがあります。

このためアメリカのテレビや映画が流行り、アメリカの生活スタイルに憧れる家族が多かったのです。アメリカの家は、土地が広いので部屋数が多いことで有名です。そのため３ＬＤＫ、４ＬＤＫ、５ＬＤＫといった間取りに人気が集まりましたが、家賃が高いという理由で２ＤＫの間取りで我慢する家族も多かったようです。

１９９０年から現代まで、日本は失われた20年を経験し日本の国内に世の中の目が向けられていった時代です。少子高齢化が先進国の中でも急速に進む中で、さまざまな働き方や価値観が認められていった時代となります。主流は広めの３ＬＤＫです。しかし共働き夫婦、高齢者などのさまざまなニーズがあり、間取りは２ＬＤＫ、大型１ＬＤＫ、３ＬＤＫといった間取りに人気が分散しています。

早ければ10年、遅くとも20年ぐらいの期間で間取りの嗜好が大きく変化するのが中古のファミリー向けマンションの特徴です。流行を先読みするのはとても難しいと言えますし、流行に遅れた物件を購入すれば、入居者が見つからず苦労をするかもしれません。ですから守りの資産向き、とは言い難いのです。

激安中古ワンルームは安いなりのリスクが存在する

２００万円から、８００万円程度の激安ワンルームマンションに投資をするという方法もあります。投資をスタートするに当たって、初期投資をなるべく抑えるというのは鉄則ですが、それは安いものを購入するということではありません。本当に価値のあるものを安く購入するという意味なのです。問題があるから安くなっている物件に投資をすることは、それなりのリスクを抱えることになるのです。

例えば人気が無いエリアに建築されていたり、駅から徒歩10分以上かかる場所に建築されている物件だったりします。高速道路や線路が近くて､騒音が日常化しているような物件もあるでしょう。旧耐震設計のマンションで、洗濯機の置き場もない物件もよく見かけます。専有面積が15㎡以下の小さな物件もあります。また、ゴミ屋敷の入居者や、夜中に騒ぎだすような入居者など、入居者自体が問題を抱えていることもあります。

以前、立地で失敗した事例で首都圏郊外激安の物件でしたが場所が完全に陸の孤島で、空室期間が1年という物件がありました。1年と聞いて驚くかもしれませんが、激安物件の中には、空室が長引いてしまうことも少なくないのです。

空室率が高かったり、問題のある入居者が住んでいた場合、建物のスラム化が進み劣化が激しくなっていきます。そのような物件によくあるのは、マンションの管理組合が機能しておらず、修繕積立金が未収になっていたりします。長い間空室が続くため、家賃を下げて入居者を募集すると入居者の質が下がり、さらに入居者募集が難しくなります。

完全な負のスパイラルです。入居者の質が下がったことで、犯罪の温床になってしまえば目も当てられません。激安のワンルームマンションには、安いなりのリスクが伴うということを考慮に入れて投資をしなければならないのです。

第3章

なぜ都内の築浅ワンルームマンション投資がいいのか？

ローリスク・ミドルリターンの都内築浅ワンルームマンション投資

では、一体どのような物件に投資をすればいいのでしょうか？

それは、大きなリターンを狙うのではなくて、守りの資産として必ず一定の需要があり、流行などにも関係がなく、最新設備が充実しており、資産価値が高い東京都内の築浅の中古ワンルームマンションに投資をする方法です。

その理由を具体的に紹介していきましょう。

ポイント① 人気の東京都内の物件だけど割安

都内築浅ワンルームマンションは、東京都内の人気のある街に建てられている物件であってもそれほど高価ではありません。

その多くは２０００万円前後から投資をスタートすることができます。

たとえば、京王線の笹塚駅から徒歩5分の物件。東京都内では人気の駅として、ニュースや雑誌などで度々取り上げられる人気のエリアです。

もちろん、そのような人気のエリアでも築浅ワンルームマンションの物件は存在しています。駅近でオートロック、２口コンロ、エアコン、浴室乾燥機などの設備も完備されています。価格が安いポイントは中古であるということです。建築されてから10年から20年ぐらいの築浅物件を選ぶことで、好立地に割安で購入することができます。

ポイント②　好立地だからこそ空室リスクを下げられる

人気のある駅から徒歩５分圏内という好立地の物件で、周辺にスーパーマーケットやコンビニなどがあり住環境が良好の物件であれば、空室になりにくいという傾向があります。仮に退去が出てしまっても、物件自体に魅力があり集客力もあるので、１カ月も経たずに次の入居者が決まるケースがよくあります。好立地の物件を選ぶということ自体が空室リスクを下げてくれるのです。

ポイント③　金利情勢が変わりそうだと思ったら繰り上げ返済ができる

都内築浅ワンルームマンションは、一棟アパートなどに投資をするよりも、価格が安く、初期投資を抑えることができます。初期投資が安いということは無理に返済をする必要もなく、いざというときの資金も貯蓄しやすいということです。私たちは不動産投資をスタートした方には、入ってきたお金を消費してしまうのではなく、貯蓄して繰り上げ返済に回してほしいと提案しています。

後ほど詳しく紹介しますが、いざというときの資金には、修繕費用や入居者が決まらないときの補てん資金などが含まれますが、情勢が変わり今後金利が上がりそうで、ローンの返済額が増え、負担が大きくなりそうなら繰り上げ返済も一つの手だと思います。価格が安いからこそ繰り上げ返済しやすく、金利上昇リスクを低減させられるのです。

なお、繰り上げ返済自体は金利を下げる効果はありませんが、購入するときの頭金次第では、低金利の優遇が適用されたりもします。

ポイント④ 余計な経費が上乗せされておらず価値相当である

都内築浅ワンルームマンションは、建築されてから10年から20年の物件をターゲットに、投資対象を選定していきます。

すでに建築されてから10年以上経過している物件なので、新築マンションみたいに広告費用や人件費などの無駄な費用が上乗せされていることもありません。価格が価値そのものを表しているケースが多いと考えられます。中には早く現金化したい売主によって、本来の価値を大きく下回る価格がつけられている場合もあります。いずれにしても相場と同等の価格になっているケースが多く、初心者の投資家であっても高値掴みしにくいと言えます。

ポイント⑤　流動性が高い＝売りやすい

都内築浅ワンルームマンションは、実は流動性が高いためすぐに現金化しやすいというメリットがあります。人生は何が起きるかわかりません。投資をしていれば、もっと大きなものに投資をしたいとか、急に現金が必要になって売却をしなければならないこともあるかもしれません。

そうしたときに流動性の高さは、投資対象として非常に優れていると言えます。

ところで、一般的に不動産は流動性が低い投資対象として知られています。しかし、都内築浅ワンルームマンションは、なぜ流動性が高いと言えるのでしょうか？　実はほかの投資家も狙うぐらいの素晴らしい立地と資産価値があるからです。投資対象として非常に魅力的なので、すぐに買い手がつきやすいということなのです。またワンルームマンションは、前述の通り、価格が安く買い手が多いと言えるでしょう。これが一棟アパートになれば、購入できる人は限られてきます。そういう事情も流動性の高さに寄与しているのです。

このため物件選定のときには、かなり厳しく選別する必要があります。購入するときには、買い手であるオーナーさんにも同行してもらいます。物件を見ないで購入する人もいますが、お薦めはしません。実際に見ることで物件の良し悪しがわかるからです。このように厳しく選定することで不動産投資の流動性リスクを低減することができます。

ポイント⑥　流行に左右されない＝空室が出にくい

都内築浅ワンルームマンションに投資することは、流行に左右されないことにもなります。中古のファミリー向けマンションの場合ですと、時代によって間取りに流行り廃りがあることをご紹介しました。

しかし、ワンルームマンションはそもそも昔から間取りが変わらないものです。流行り廃りがないからこそ、需要も一定しているのです。一定の需要があれば入居者は必ずいるはずなので、立地などの物件の条件がほかと比べて優れていれば、空室リスクを低減できることになります。

また、物件の間取りが流行り廃りに関係がないということは、入居者募集のためのリフォームにかけるお金も最低限で済みます。たとえば、間取りを変更することになれば大きなリフォーム費用がかかりますが、そうしたコストを低減できるというのも魅力です。

ポイント⑦　不動産投資が保険の代わりになる

融資を受けて不動産投資をスタートする場合には、団体信用生命保険（団信）への加入が金融機関によって義務づけられています。

ローンの返済中に万が一オーナーが高度障害を負ってしまったり、事故などで死亡してしまった場合にはローンの残債が払えなくなってしまいます。団信に加入していれば、住宅ローンの残金に対して保険金が金融機関に支払われ清算されることになります。

これによりマンションは残された遺族のものになり、継続して家賃収入を得ることができるだけでなく、売却して現金化することもできます。

また、団信は一般的な死亡保険の保険料よりも安く、毎月の保険料を節約することができます。

ポイント⑧　東京都は人口減少に直面するのが緩やか

不動産投資の収入のメインは家賃収入。しかし、日本は２０２０年を境にして人口減少のスピードが加速度的に進むとも言われています。借りてくれる人がいなくなれば家賃収入も何もなくなってしまうのではないか、と考える人も多いはずです。

しかし都内のワンルームマンションに投資をするなら、人口減少の影響を大きく受けずに済みます。国立社会保障・人口問題研究所の調査によると、２０２５年以降では日本国内のすべての都道府県で人口が減少すると推測されています。しかし、東京、埼玉、神奈川、千葉の南関東ブロックについては、２０３５年まで緩やかに人口が上昇すると言われています。

中でも注目したいのは単身世帯です。一般世帯が減少に転じる２０２０年以降も単身世帯は増え続け、２０３０年以降にようやく減少に転じると予測されています。

東京都は前述した通り、単身世帯が多いエリアです。もちろん東京都の人口も２０２５年以降

［人口減少のスピード（東京都と全国の比較）］

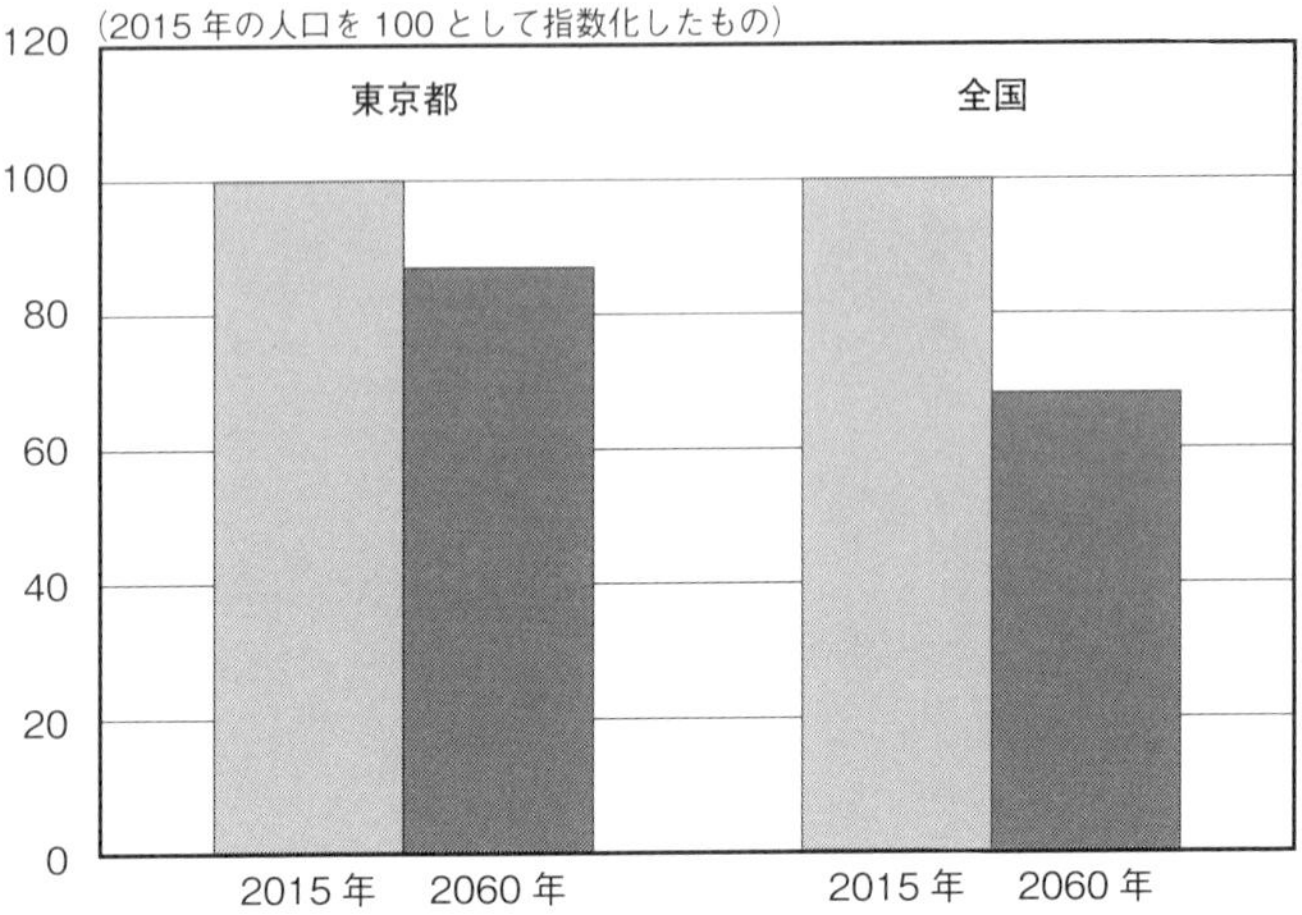

出所：国立社会保障・人口問題研究所

は、高齢者の死亡数が多くなり緩やかに減少に転じると言われています。しかし、東京都内に流入する人口は、2025年から2030年の時点でも約30万人いると言われています（2015年から2020年では約48万人）。日本の人口の10分の1は東京に集まるので、人口減少のリスクも最小限に抑えることが可能なのです。

また、東京都は人口減少社会が訪れても2030年までは単身世帯が多いため、賃貸需要はあまり変化がないとも言われています。

2016年の不動産経済研究所の調べによれば、東京の全世帯数669万1000世帯のうち単身世帯は316万5000世帯。その割合は47・3％です。東京に住んでいる全世帯の約半分は単身世帯ですから、都内のワンルームマンションの賃貸需要はまだまだ有望です。しかも、地方から東京都内に転入する単身世帯も、東京都内の便利なワンルームマンションに住みたいと考えている人が少なくありません。投資対象としては将来も有望なエリアなのです。

ポイント⑨　築浅ワンルームマンションゆえに長期のローンを組みやすい

不動産投資は、一般的に自己資金を極力抑えながら、効率良く投資をするために金融機関からお金を借りて、物件に投資をすることになります。

そのときに重要になるのが、個人属性と投資対象物件の担保力です。

金融機関の担保価値評価の方法は千差万別で、どれが一番重要か特定することはできませんが、ローンの期間を算定するときに、耐用年数を見ることがあります。

ＲＣ（鉄筋コンクリート造）やＳＲＣ（鉄骨鉄筋コンクリート造）の築浅ワンルームマンションは、耐用年数が47年となり、ローン年数は最長で35年が基本となります。金融機関によって基準は異なりますが、55年を基準として築20年経過していても35年、築30年経過していても25年のローン期間の利用が可能となります。ところが、木造アパートなどでは、耐用年数は22年しかありませんし、長期間でのローンを組むのが難しいのが現状です。多くの頭金を入れなければ、ローンが組めない状況にもなりかねないのです。

第4章

コツコツと貯金する感覚でスタートできる不動産投資

投資対象と価格とリスクの関係

第2章以降、一棟アパート、新築ワンルームマンション、中古ファミリー向けマンション、激安中古ワンルームマンション、都内築浅ワンルームマンションと、5種類の不動産投資法を紹介してきましたが、縦軸に価格（投資額）、横軸にリスクをつけて、マトリクスで紹介すると、下記の図のようになります。

こうして見ると、守りの資産として考えるのであれば、やはり都内の築浅ワンルームマンションに投資をするのがよいことがわかります。

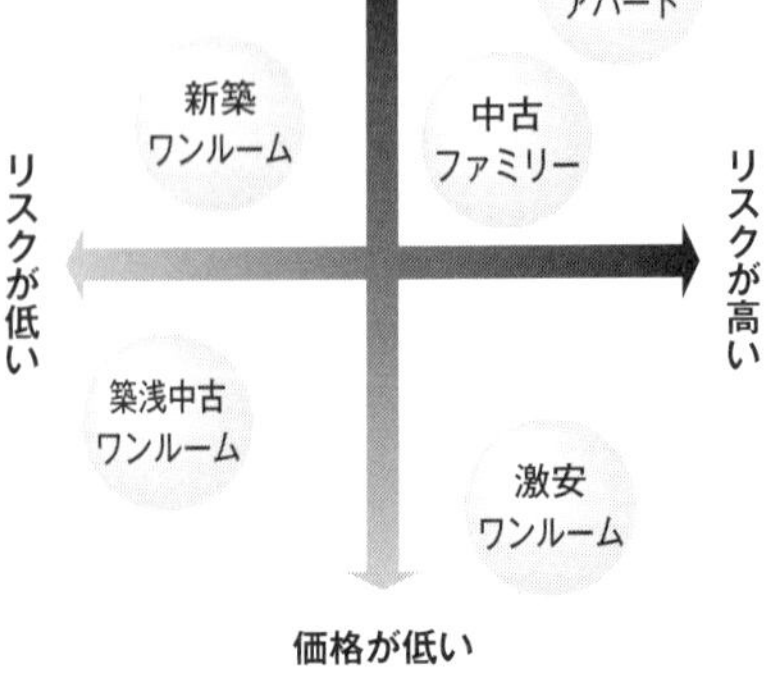

貯金ゼロ 20代のサラリーマンでさえスタートが可能

守りの資産をつくるための投資対象として、都内の築浅ワンルームに投資するメリットをいくつか説明してきました。では、実際にどのように不動産投資をスタートすればよいのでしょうか？

不動産投資とほかの投資が違うところは、金融機関の融資を受けて投資ができるところです。それは不動産投資が別の面から見れば賃貸経営という実業であるからです。もう1つは、収益物件を担保に融資が受けられることです。

物件担保評価が高いため、実は自己資金がゼロでもサラリーマンとしての個人の属性が良ければ、すぐに都内築浅ワンルームマンションに投資ができるのです。

また、一棟アパートなどに融資をするアパートローンの融資環境は、金融庁の引き締めによって厳しいものになっていますが、築浅ワンルームマンションへの融資はその影響をほとんど受けていません。なぜなら、金融庁が監視を強化しているのは、空き家が問題になっている郊外の一棟アパート物件だからです。

未曾有の金融緩和の到来により誰でも不動産投資を始めやすい

未だに金利の好条件は続いています。

日本銀行は、デフレ経済からの脱却をより加速度的に進めるために、2016年1月29日からマイナス金利政策の導入を行いました。これによって、民間の金融機関は日銀に預けている当座資金の一部の利息について0.1%の手数料を支払うことになりました。日銀に預けておけば利益が減ってしまうので、お金の貸し出しや投資に積極的に回るようになります。とはいっても企業は収益を内部留保し、自己資本で設備投資を行っていたりするので貸し出し需要がないなど、金融機関は資金の貸し出し先に困っていたのです。

そこで、注目を集めたのが不動産投資向けの融資です。担保を取れる不動産投資に融資をしましたが、あまりに拡大した結果２０１７年の初めに金融庁が金融機関を指導することになりました。前述した通り、アパートローンの監視は強化され、実際にアパートローン向けの新規融資額は減少しています。一方ワンルームマンションの融資はこれまでと同様に続けられ、さらに１％台の低金利で融資を受けられる環境にあるのです（２０１８年2月現在）。

都内築浅ワンルームマンション投資法とは？

さまざまな不動産投資の方法の中から、将来の守りの資産をつくるための投資法を考えた結果、都内で築浅のワンルームマンションに投資するのが、ローリスクかつミドルリターンを狙える投資方法だということが、多少おわかりいただけたかと思います。

都内築浅ワンルームマンション投資では、基本的に入居者がいるので投資した当月から家賃収入が入ります。しかしそれを消費に回すのではなく、その大部分をローンの返済原資として活用するように提案しています。

例えば物件価格が２０００万円、頭金10万円で、ローン金額は１９９０万円、返済期間が35年で、金利が１・65％だったとします。購入した物件の家賃収入が８万６０００円で、そこから管理費、修繕積立金、賃貸管理手数料で１万３５００円を差し引かれたとします。すると手取り家賃は７万２５００円となります。

そこから毎月６万２０００円のローンを支払ったとすると、月々１万５００円の収入を得ることができます。しかし、この約１万円を収入として使ってしまうのではなく、そこに自己資金５万円を加え、毎月６万円、年間72万円（６万円×12カ月）を繰り上げ返済に回し続けた場合、35年だったはずの返済期間が17年で終えることになります。

ここで、具体的な利回りの数字を出すとすると、手取り家賃７万２５００円ですから、年間の手取り家賃は87万円となります。ほぼフルローンでマンションを購入していますので、実質の投資金額は、毎月繰り上げ返済原資としての自己資金の５万円の17年分となります。つまり５万円

2000万円の築浅ワンルームマンションを1戸購入した場合

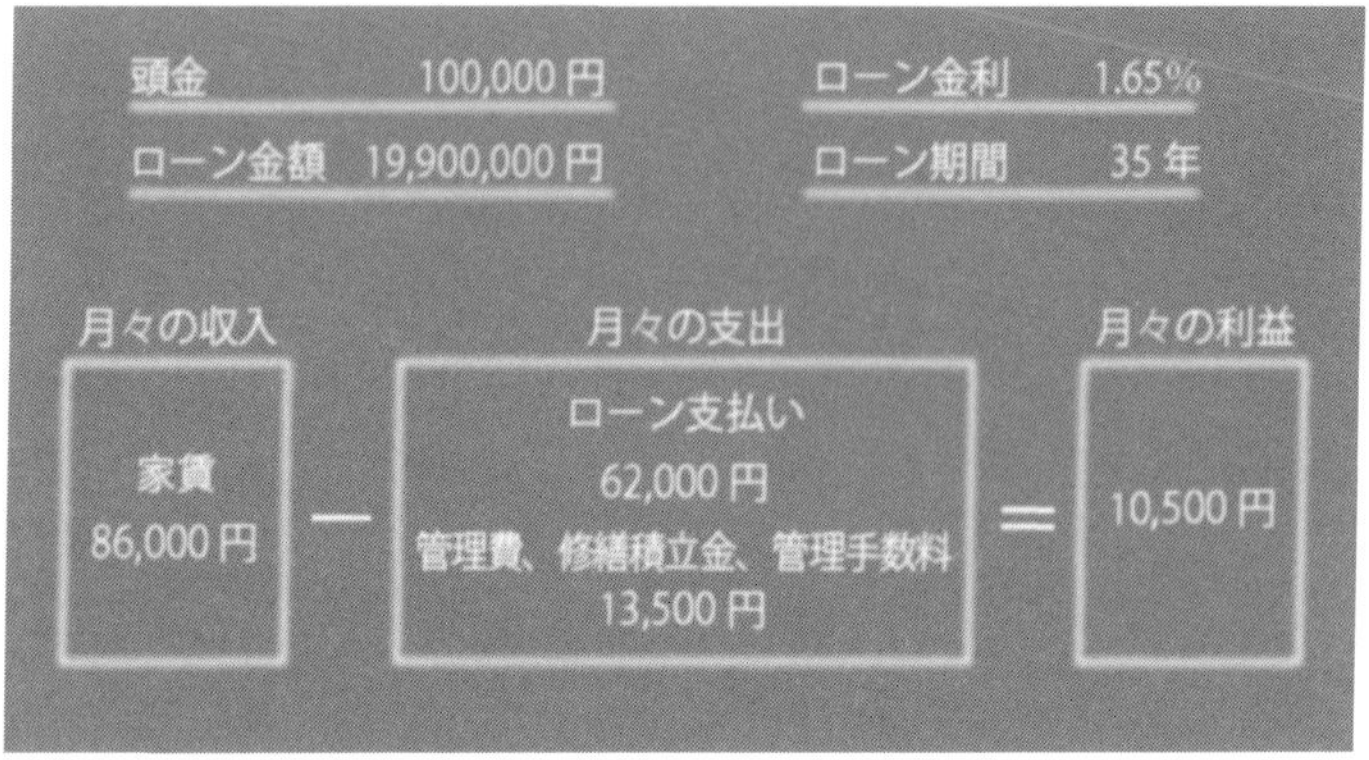

将来の資産形成のために上記の約1万円の利益に、
さらに自己資金5万円を上乗せして毎月繰り上げ返済した場合

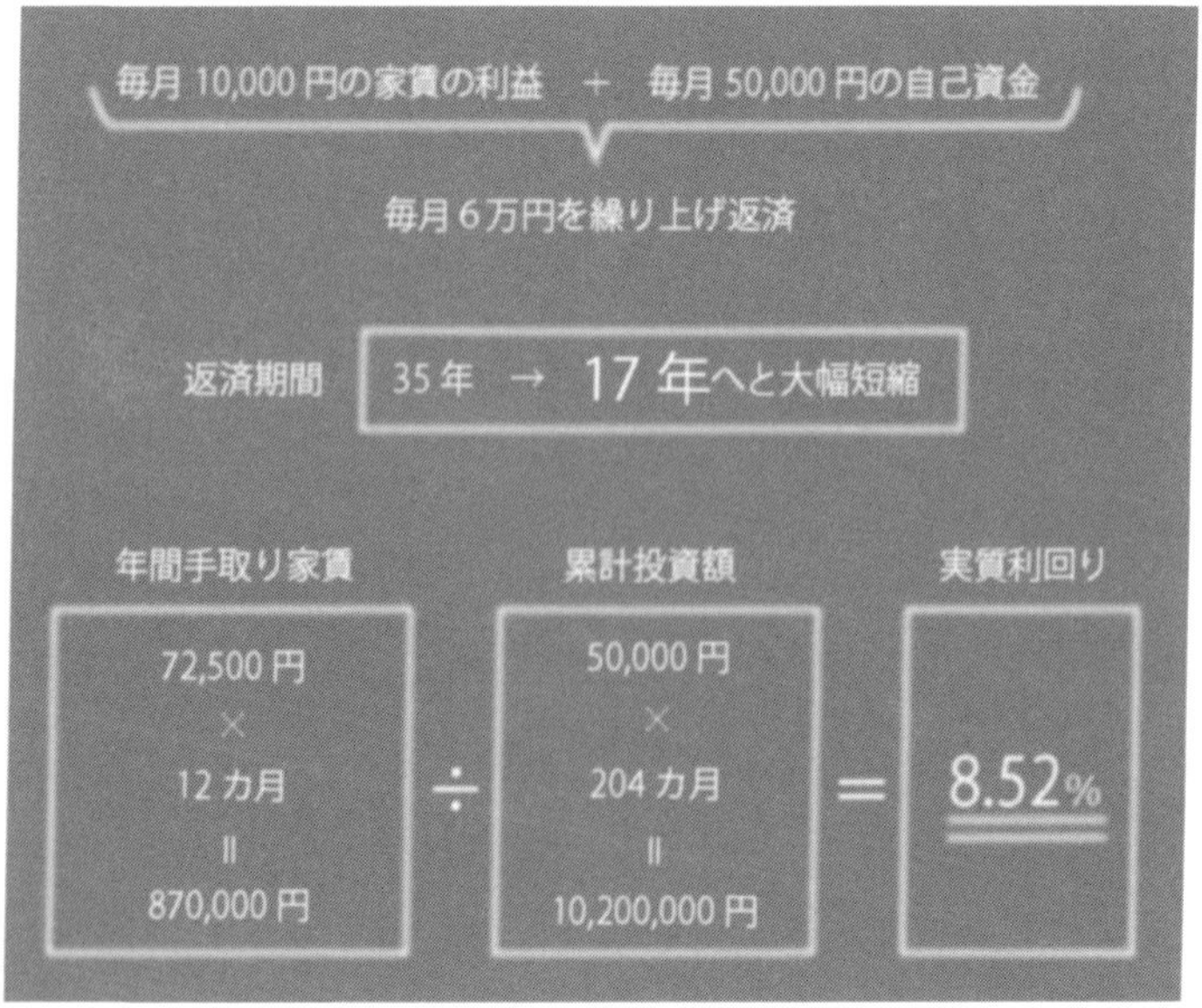

×12カ月×17年＝１０２０万円が累計の投資金額となります。そのため実質の利回りは87万円÷１０２０万円＝８・52％となります。こうすれば、自分自身で高利回りの商品を生み出すことができるのです。

なぜそのような繰り上げ返済をする必要があるのか？　それは前述した複利の効果を最大限に生かし、早期に守りの資産を手に入れることができるからです。

１つの物件から上がってくる収益は微々たるものかもしれませんが、それを返済に回し、さらに自己資金を投入することによって、複利効果をどんどん大きくすることができます。そして、ローンを完済することができれば、利回りはさらに大きくなります。こうして収入が増えていくのです。また得られた家賃収入を再投資することは、結果的に不動産投資のリスクを減らすことにもつながります。

会社員として毎月給料が入っている状態のときにローンの残債を完済してしまえば、めでたく働かなくても得られる１つの収入源が生まれるというわけです。

実際に私たちの薦める都内築浅ワンルームマンションとは、次のような物件が、例となります。

①　城西城南地区の駅から徒歩8分以内
②　築年数　10年から20年以下
③　価格帯　1700万円から2000万円台前半
④　広さ　19㎡から20㎡後半
⑤　賃料　8万円から9万円台
⑥　設備　バス・トイレ別 オートロック ガスコンロ（2口コンロ） フローリング 外壁タイル貼り 宅配ボックスなど

このような条件の物件に対して投資をする方法を「都内築浅ワンルームマンション投資法」と私たちは呼んでいます。

さらなる複利効果を狙う方法

さらにスピードアップして複利効果を狙いたいのであれば、物件そのものを投資をするときに1戸ずつ購入するのではなく、2戸同時に購入する投資方法があります。

まず1戸ずつ購入する方法を見てみましょう。1戸購入しローン完済後に続けて1戸購入した場合で、2戸目も同じように繰り上げ返済を行うというやり方です。

ここでも1戸目の繰り上げ返済原資として毎月自己資金５万円(毎年の繰り上げ返済額が60万円)を用意するシミュレーションを行います。この試算でいくと1戸目を完済するのが前述で計算したように17年後となります。その後2戸目を購入します。

２戸目の繰り上げ返済原資は、１戸目の返済が完了しているため、その手取り家賃の７万２５００円がそのまま返済に使えます。もちろん2戸目の手取り家賃７万２５００円も返済に回せます。さらにそれまでと同様に、自己資金５万円を継続的に返済に回したとすれば、７万２５００円×２戸＋５万円＝19万５０００円を毎月の返済に充てられる計算です。すると２戸目は９年で完済することになります。つまり2戸合計26年で返済が完了する計算になります。

この場合の利回りを計算してみましょう。手取り家賃は７万２５００円×２戸で年間１７４万円となります。自己資金は毎月５万円を26年間繰り上げ返済に充てていますので、５万円×12カ月×26年＝１５６０万円です。つまり実質利回りは１７４万円÷１５６０万円＝11・15％となります。

では2戸同時に購入した場合はどうでしょうか？　投資を始める時点から2戸の手取り家賃7万2500円×2戸＝14万5000円に加えて、自己資金5万円を返済に充てることができます。つまり14万5000円＋5万円＝19万5000円を返済に回すことができます。この場合なんと20年で2件とも返済が完了してしまいます。

この場合の利回りを計算してみましょう。年間の手取り家賃は7万2500円×2戸×12カ月＝174万円となります。一方、自己資金は毎月5万円を20年間繰り上げ返済に充てていますので、5万円×12カ月×20年＝1200万円です。ですから実質利回りは174万円÷1200万円＝14・5％にもなるのです。

このシミュレーションを見ていただければわかるように、2戸同時に購入することでローンの完済が6年早まり、利回りは3・35％も改善されるのです。ということは目指すところが2戸完済であるならば2戸同時に購入するほうがより効率的に資産運用ができることがわかっていただけたと思います。本書の冒頭で紹介した複利効果の大きなメリットと言えるでしょう。

１戸購入し、ローン完済後、続けてもう１戸購入した場合

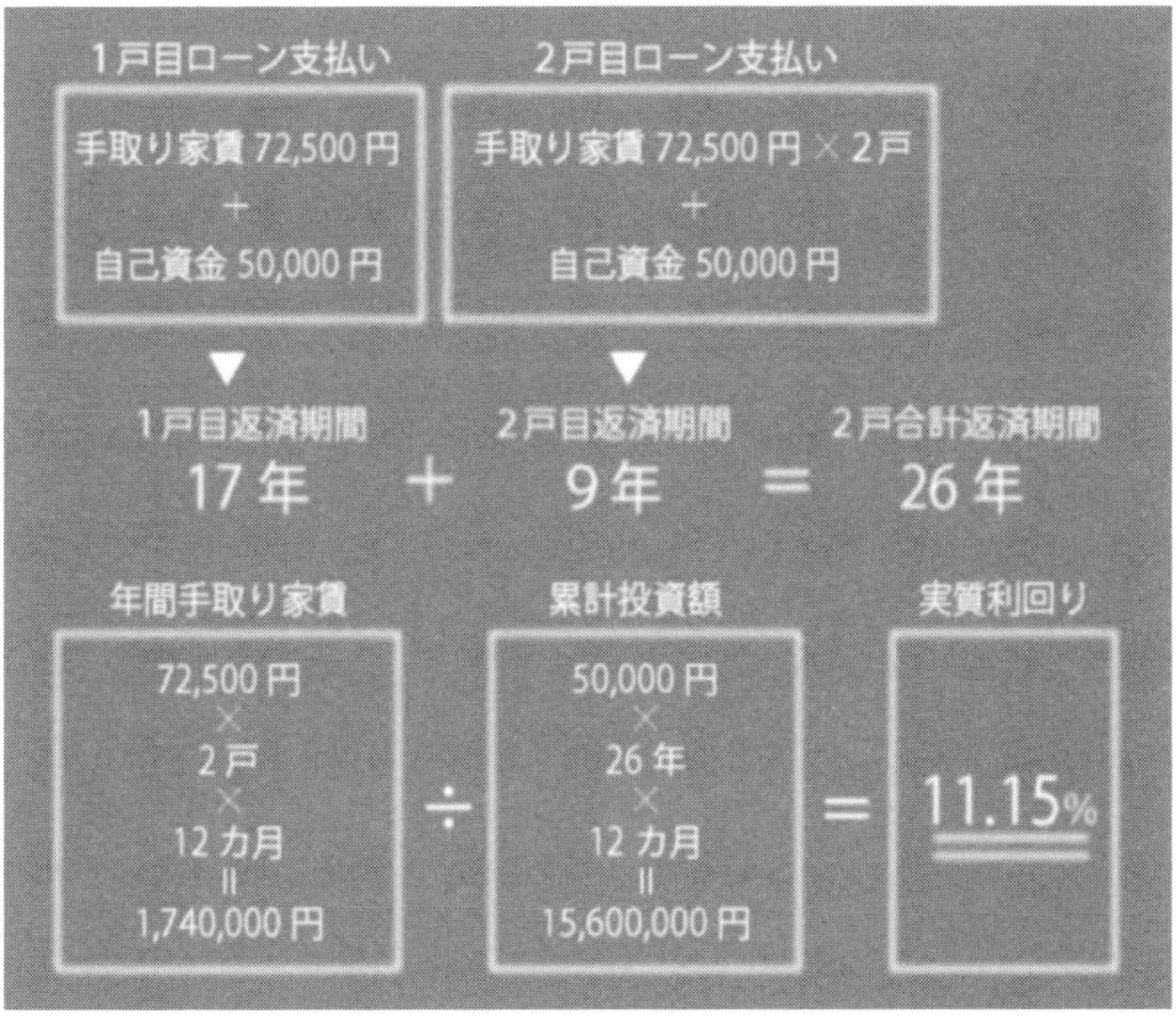

２戸同時に購入した場合

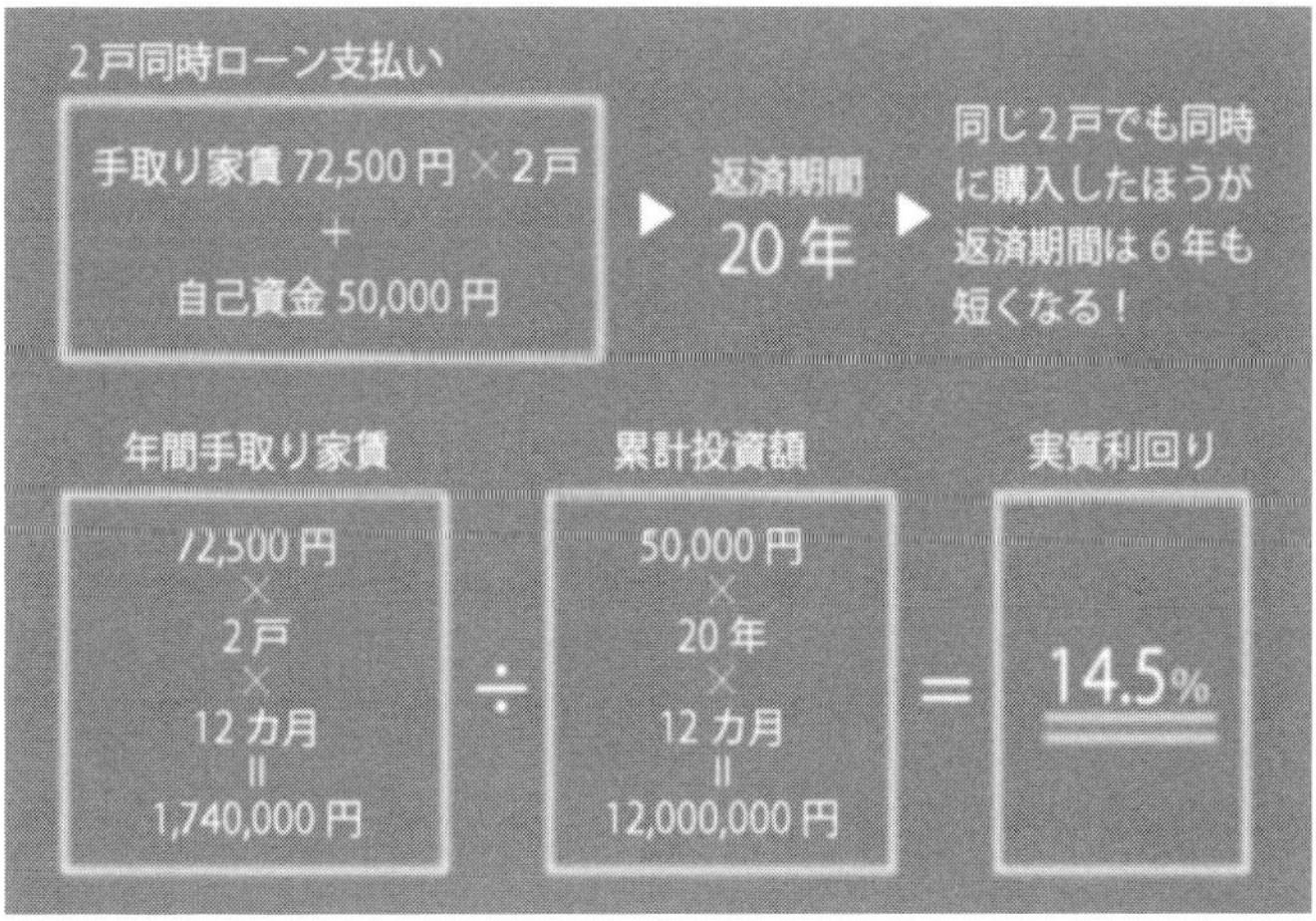

第5章

不動産投資のリスクをよく知ろう

安定した守りの資産で収入を得るために必要なこと

　都内築浅ワンルームマンション投資で安定収入を得るためには、知識を習得して学ぶという姿勢が必要になります。

　ここで思い出していただきたいのですが、給料以外に収入源を増やすために必要なことは、複利の効果を活用できる、より優れた投資対象に自分の大切なお金を投じるということでした。そのためには、安定した運用ができる対象にお金を投資するのが鉄則になります。

　しかし、詐欺のような投資対象やカモにされてしまうような投資対象では、年金の不足部分を補てんするための収入源にはなりません。そればかりか、大切な資産を目減りさせてしまう負の資産になってしまう可能性もあるということです。そのような負の資産に出会わないためにも、きちんと知識を習得して学ぶ姿勢がとても重要になってくるのです。

　不動産投資において最も高いリスクは、無知であることです。投資において何かトラブルが起きたときに、対処法が何もないのは問題外です。例えば、金利が上昇したときに、どのような状況となるのか？　サブリース契約のメリットとデメリットをよく知っているか？　などです。何か問題が起きたときに、どのような対処ができるのか、それを知っているのか知っていないのかで、大きな差が出てきます。

では、具体的にどのようなことを学ぶべきでしょうか？　まずは不動産投資のリスクそのものを理解して、そのリスクをできるだけ減らすようにしましょう。

不動産投資の5大リスクとは？

不動産投資はあくまでも投資ですから、リスクをゼロにすることはできません。どんな投資でも必ずリスクが存在します。不動産投資の中でも大きなリスクは、次の5つになると考えています。

第一「空室リスク」
第二「金利上昇リスク」
第三「修繕リスク」
第四「価格変動リスク」
第五「災害リスク」

リスクは危険が発生する可能性、危険性のことです。工学では「安全とは、許容できないリスクがないこと」と言われますが、自分にとって致命的なリスクを招かなければ、投資を続けることができますし、さらに成功に導くことができます。重要なことは許容できないリスクを排除し、リスクに対する対処法をきちんと考えておくことです。

それでは、それぞれのリスクとその対処法を説明しておきましょう。

第一のリスク「空室リスク」

空室リスクとは、投資している物件に入居している人がおらず、家賃収入が得られない状態があるリスクのことです。毎月家賃収入があると言っても、それは入居者がいることが大前提です。入居者がいなければ、家賃収入はありません。空室リスクを減らすということは、不動産投資にとって最も重要なことなのです。

空室リスクを減らすための第1のポイントは、物件の立地です。不動産投資は「立地で8割決まる」と言われるほど、立地の良し悪しがその後の運用成果に大きな影響を与えます。都内築浅ワンルームマンション投資法では、住環境の良さを物件選定で特に重視します。

東京都内でも人気のある城南（大田区・品川区・渋谷区・世田谷区・目黒区・港区）城西（新宿

区・杉並区・中野区）の最寄り駅から、徒歩8分圏内の物件を押さえるだけでなく、周辺にコンビニエンスストアがある、幹線道路があり夜道も明るいなど、女性の入居者でも住みやすいインフラが整っている物件を選びます。

家賃相場についても詳しく調べます。売却しようとする人は、高く物件を売りたいと思うもの。家賃も実際の家賃相場よりも高めに設定して、利回りを高く見せるケースが少なくありません。実際の家賃相場に合っているかどうかを詳しく調査をします。

第2のポイントは、賃貸付けをしてくれる不動産会社＝管理会社を吟味することです。どんな良い物件でも入居者の都合で退去し、空室が発生することもあります。問題は退去者が出たときにすぐに入居者募集をしてくれて、さらに確実に入居者を見つけてくれる会社を選ぶことが重要です。

第3のポイントは、リフォームです。バス、トイレ、キッチンなどの水回り部分のリフォームを行うことで、家賃水準を維持するだけでなく、空室リスクを減らすことができます。

第4のポイントは、万が一空室が出てしまったときの対処法を考えておくことです。空室が発生すれば、家賃収入がなくなりますが、収入がないときに備えて普段から貯蓄をしておくことが大切です。このお金は、いざ空室が発生したときにも家賃収入の補てんとして活用できる原資となりますし、空室が発生しなければそのまま貯蓄になります。保険をかけるつもりで、貯蓄を行うことも大切です。

実は空室リスクを下げられないサブリース契約に注意する

一見すると空室のリスクを下げられると見せかけておいて、実は空室リスクを下げるどころか、大きなコスト負担になる「サブリース契約」には注意が必要です。

サブリース契約は、家賃保証契約とも言います。

サブリース契約とは、オーナーから物件を借りて、その物件を入居者にまた貸しする不動産会社のビジネスの1つです。サブリース契約をすれば、万が一空室が発生しても不動産会社が家賃を肩代わりしてくれるので、家賃が入らないということはありません。不動産投資にとって、最も大きなリスクは空室リスクですから、それを解消してくれるサブリース契約は、うまく活用することでリスクヘッジになる便利な制度です。

しかし、不動産投資をスタートするのに、サブリース契約に頼り切るのは非常に危険です。

その理由はいくつかあります。

まずコスト面です。一般的なサブリース契約の手数料は、査定賃料の10～15％と高額だったりします。さらに、礼金、更新料などはすべて不動産会社の収入となることが多いのです。それだけではありません。契約は2年ごとに見直されます。この際に、入居者がつきづらい物件だと不動産会社が判断すれば、契約の更新時には家賃の減額が条件になってしまうこともあります。

また「30年一括借り上げ」と謳って、不動産投資には何のリスクも存在しないと宣伝する不動産会社も多いです。しかし、サブリース契約の条文の中身をよく見てみると、2年や5年ごとなどに賃料の見直し条項が入っている場合が少なくありません。また、契約書には不動産会社から中途解約ができる条項も含まれているケースもあります。この条項が契約書に含まれている場合、家賃の減額に同意しないと一方的に契約を解除されることもあります。また悪質な場合は契約更新時に、癒着しているリフォーム会社の高額なリフォームが条件になっていたりします。「サブリース契約があるから安心だ」と言って、安易に投資をスタートしてはいけません。実際に賃貸経営という事業をスタートさせるような心構えが必要なのです。

サブリース会社の都合で賃料保証が停止に!?

ワンルームマンション投資ではありませんが、サブリース契約が管理会社の都合で一方的に停止し、社会問題化している事件があります。

首都圏を中心に女性専用シェアハウスを展開するスマートデイズは、建築から管理運営まで行い、さらにサブリース契約によって、事業を大きく伸ばしていました。

サブリースの契約内容は30年一括借り上げとなっていました。ところが、２０１７年10月に物件のオーナーに賃料の減額を一方的に通知、さらに翌２０１８年1月に入って、オーナーに向けた説明会では、２０１８年1月以降の賃料の支払いが難しいことを明らかにしたのです。

オーナーのほとんどは、管理をすべてその不動産会社に任せていたため、入居者がどんな人で、自分の物件の入居率がどのくらいになっているのかすら知らない人も多いと言います。今回の事件発覚で、オーナーが調べてみると、物件の中には半分以上の部屋が埋まっていない物件のほか、ほぼ空室になっている物件も存在しているというのです。それでもオーナーは家賃を減額されても、ほとんど空室でも、本業のサラリーマンの仕事が忙しいため、その不動産会社に任せるしか手段はないという人もいました。

サブリース契約があるからといって、安易に不動産投資をスタートすれば、泣き寝入りするしかなくなる場合もあるのです。

30年一括借り上げの家賃を減額できるカラクリとは？

ところで、なぜ30年一括借り上げを明言している不動産会社が、簡単に減額できるのでしょうか？契約書に書いてあるからという理由のほかに、重要な理由があるのです。それが２００３年10月21日に下された、サブリースを巡る最高裁判所の判決です。

この訴訟は、オーナーから物件を借りている不動産会社が、借りる際に契約で合意した家賃を、減額する権利があるのかどうかが争われた事件です。判決では、「サブリース契約は不動産賃貸借契約ではなく事業委託契約であるから、借地借家法32条1項による、賃料減額請求を否定する」という見解を斥《しりぞ》け、サブリース契約は賃貸借契約に該当すると認定し、借地借家法32条1項に基づく賃料減額請求権を認めました。

この判決が出てから、サブリースを行っている会社は堂々と賃料減額をオーナーに求めるようになったのです。だからこそ、30年の一括借り上げであっても、いつ家賃の減額を求められるかわからないということを、知っておいたほうがよいでしょう。

家賃の滞納リスクにも備えが必要

入居者がいても空室リスクと同じように家賃収入が入ってこないリスクがあります。それが「家賃滞納」というリスクです。しかしながら実際問題として、家賃滞納はどのくらいの発生率があるのでしょうか？

日本賃貸住宅管理協会の「第17回賃貸住宅市場景況感調査（２０１６年10月～２０１７年３月）」で家賃滞納率推移を調べてみると、次のようなことがわかります。まず月の初めでの全体の滞納率は、全国平均で６・６％です。首都圏と関西圏で比べると、首都圏が４・８％、関西圏が８・０％であり、関西圏のほうがかなり滞納率が高くなっていることがわかります。調査を見る限り、家賃滞納リスクは高確率で頻繁に発生するものではないということがわかります。

家賃滞納リスクには、まず賃貸を管理する管理会社にきちんと入金管理を行ってもらうことが大切です。

一般的に家賃の支払い方法は、銀行口座からの引き落としが主流になっています。このため残高が足りずに家賃の引き落としが行えず、意図せずに家賃滞納をしているケースがよく見受けられます。また、入居者が家賃の引き落とし日を忘れているケースも少なくありません。だからこそ、入金管理をしっかりやってくれる管理会社に依頼することが大切です。

次に賃貸借契約を結ぶときには、入居者に保証会社加入を義務づけるようにします。

保証会社とは、家賃の滞納等があった場合に、入居者に代わって家賃を支払う代位弁済をする会社のことです。連帯保証人の代わりとして、入居者から手数料を受け取ってサービスを提供しています。家賃債務保証会社とも呼ばれています。

入居者は保証会社と賃貸借保証委託契約を結び、オーナーは保証会社と賃貸借保証契約を結びます。これによって、保証会社は次のようなことをサービスとして行ってくれます。

①入居者の審査を行う
②家賃が滞納された場合、滞納された家賃を立て替えてくれる（代位弁済）
③入居者への督促や家賃回収を行ってくれる

保証期間については、管理会社によって異なりコストもさまざまです。また、家賃が滞納された場合電話での督促が中心で、期間内に支払いがなければ法的処置を行う会社もあります。実際に家賃滞納者に会って支払い交渉をしてくれるところもあります。中には、強制退去のための手続き費用や夜逃げ事故後の対応、残存物の処理費用までサービスの中に含んでいるところもあります。家賃回収に強みを持つところや、サービスが充実しているところ、歴史がある老舗など、会社によってそれぞれ特色があるので、どんな会社に賃貸管理を依頼するか正しく選ぶことが重要です。

第二のリスク「金利上昇リスク」

金利上昇リスクとは、社会経済的な情勢でローンの金利が上がり、返済金額が増えるリスクがあるということです。2018年2月現在、日本の政策金利を決定している日本銀行は、マイナス金利を採用しています。現段階では金利が上がる傾向はありませんが、日本銀行が目標としているインフレ目標が達成されれば、金利が上がる可能性があります。金利が上がれば毎月のローン返済額も上がる可能性があり、不動産投資を継続することが難しくなります。

日本経済の動向を見ていると、緩やかに金利が上昇する可能性があると考えられます。今後の金利上昇リスクに備えながら不動産投資をする必要があります。

金利上昇リスクを減らすには、次の2つの方法が考えられます。

第1の方法は、そもそも高い金利の金融機関からお金を借りずに、できるだけ安い金利の金融機関からお金を借りるということです。マイナス金利の時代だからこそ、1％台の低金利でお金を借りることができる金融機関を選びたいものです。

金融機関との交渉は不動産会社に依頼することになりますが、提携金融機関を数多く持ち、選択肢の多い不動産会社に依頼するようにしましょう。選択肢の少ない不動産会社の場合、高い金利で契約させられる可能性もあるからです。

また、自己資金を多くすることで、金融機関によっては優遇金利が適用になることがあります。低い金利で借りることによって、金利が上昇するリスクを低減することができます。

第2のポイントは、繰り上げ返済をするということです。ローンの繰り上げ返済をすることで、元金を圧縮することができます。元金が圧縮できれば、結果的に金利が上昇しても、月々の返済額を減らすことができます。一つの目安として、10年後に1部屋当たり200万円を繰り上げ返済の原資として用意することができれば、金利が上昇し返済金額が変わるリスクを回避することができます。

第三のリスク「修繕リスク」

修繕リスクとは、将来のキャッシュフローを悪化させるリスクのことです。建築してから10年以上経ってくると部屋（専有部分）に付属している設備の修繕が必要になる場合があります。こうした修繕費用の発生は将来のキャッシュフローを悪化させることがあります。

たとえば、10年から15年経つと、エアコンが故障することがあります。エアコンを新しく買い替えるための費用が5万円から6万円程度かかります。

給湯器などもそうです。給湯器の寿命は15年から20年。こちらも買い替えると10万円から15万円程度の費用がかかります。ほかにも設備関係はユニットバスやトイレなどがありますが、こちらも突然壊れたり修理が必要になったりするので、普段からお金を準備しておくことが大切です。

おおよその目安としては毎月3000円程度は専有部分の将来の修繕費用として積み立てることをお薦めしています。

忘れてはいけない毎月の管理費と修繕積立金

部屋に付属している設備は、オーナーがその都度支払う必要があるのですが、それとは別に建物全体を維持管理するために、大規模な修繕に対する修繕積立金を毎月積み立てる必要があります。

ところで、そもそも修繕積立金とはどんなものなのでしょうか?

マンションの外壁や屋根、エレベーターなどの共用部分は、マンションのオーナー(区分所有者)

で団体（管理組合）を構成し、維持管理・修繕を行うこととされています。安全で快適なマンションとして資産価値を維持するためには、適宜、適切な修繕工事を行う必要があります。マンションの共用部分の修繕工事は、15年、30年といった長い周期で実施されるものが多く、修繕工事の実施時には、１０００万円単位の多額の費用が必要になります。

とはいえ、多額の費用がかかるといっても、一括でオーナーから徴収することは現実的に不可能なことが多いものです。さらに、資金不足のために修繕工事が実施できないというケースもあるでしょう。こうした事態を避けるため、将来予想される修繕工事に要する費用を、長期間にわたり計画的に積み立てていくのが「修繕積立金」なのです。

管理組合の積立金は、財務状況が厳しくなると、管理費の赤字を修繕積立金から補てんしたり、金融機関から借入れを行ったり、毎月の管理費からその借入れに返済する例もあります。

以前、ワンルームマンションに投資をしている方で、修繕リスクで失敗した方がいました。

この方が購入した物件は、城東地区の地下鉄の駅から徒歩8分、エレベーター付きで総戸数25戸の築浅ワンルームマンションでした。

修繕積立金が４００万円ほど積み立てられていましたが、購入後、管理費の収支をよく調べてみると、管理費の収支が赤字続きで毎年赤字が累積していたのです。この方は購入時にこの物件の管埋費が毎年赤字になっているということを見落としてしまっていたようです。

赤字の理由はエレベーターの保守点検費用が毎年70万円程度になり、年間の管理費収入150万円の半分の支出になるため、修繕積立金がうまく貯蓄できない状態になっていたのです。大規模修繕では老朽化したエレベーターの交換作業で800万円の費用がかかり、貯蓄していた400万円の修繕費だけでは足りずに、オーナーの持ち出しで400万円を工面して対処したそうです。管理費がなぜ毎年赤字になっているのか調べることで、修繕リスクを減らすことができます。

管理組合の収入は、管理費のほかに修繕積立金、駐車場、専用庭、トランクルーム、駐輪場などの共用施設の使用料などが含まれています。これらの収入が、各オーナーからきちんと集められていることが大切です。

では、修繕積立金がいくらになるのか？　それを決めるのが、長期修繕計画と呼ばれるものです。修繕積立金の額は、将来見込まれる修繕工事の内容、おおよその時期、概算の費用などを盛り込んだ「長期修繕計画」に基づいて設定されます。長期修繕計画は、修繕積立金とともに分譲事業者から提示されるということになっています。つまり、都内築浅ワンルームマンション投資をするときには、前のオーナーから長期修繕計画と修繕積立金の金額が伝えられることになっています。

なお、長期修繕計画は将来実施する修繕工事の内容、時期、費用等を確定するものではなく、一定期間ごとに見直していくことが前提になっています。

たとえば修繕工事の内容は、計画作成時のマンションの現状の仕様などを踏まえて設定されています。しかし、実際に修繕工事を実施するときには技術革新などにより、別の技術で修繕したほうがコストが安くなる場合があります。一方計画期間を何年に設定するかによって、計画に盛り込まれる修繕工事の内容も異なります。

例えば最初の15年で屋上防水、外壁補修、共用部の床、階段補修などが計画に盛り込まれます。建築されてから30年から40年程度で、エレベーターの交換が必要になり、建築されてから40年程度で給水菅や排水管の交換が必要になります。総額で１０００万円から１５００万円がかかります。

このような理由で長期修繕計画は、一定期間ごとに見直されることになっています。なお、積み立ての状況については、宅地建物取引士による売買契約前に行われる重要事項説明で、管理に係る重要事項調査報告書（以下「調査報告書」と称する）を見ればわかるようになっています。もちろん、事前に売主から取り寄せて確認することもできます。

管理に係る重要事項調査報告書（調査報告書）
に記載されている事項（抜粋）

管理関係	**共用部分関係**
物件名称	建築年次
総戸数	共用部分に関する規約等の定め
物件所在地	専用使用に関する規約等の定め
管理組合名称	**駐車場関係**
管理組合役員数	**駐輪場関係**
管理組合役員の選任方法	**専有部分使用規制関係**
総会・決算関係	**大規模修繕計画関係**
理事会活動状況	長期修繕計画の有無
修繕積立金積立総額	共用部分等の修繕実施状況
修繕積立金月額	大規模修繕工事予定
管理費等月額	**建物の建築及び維持保全の状況に関する書類の保存の状況**
管理組合の借入金	アスベスト使用調査関係
修繕積立滞納額	耐震診断の内容
管理費等滞納額	**管理事務所関係**
管理費等支払方法	
管理費等の変更予定	

ちなみに修繕積立金の平均額は、国土交通省によって次のようにガイドラインが定められています。あくまでも目安ですが、参考にしておくとよいでしょう。

ワンルームマンションで15階未満、20㎡の場合は毎月4360円、25㎡の場合は5450円ぐらいになります。だいたい5000円ぐらい見ておけば大丈夫でしょう。

当たり前のことですが、多くのオーナーで修繕費用を負担したほうが、1戸当たりの負担額は減ることになります。そのため総戸数が少なければ少ないほど、修繕積立金の負担が多くなります。総戸数が少ないワンルームマンションはコスト高になりがちなので、総戸数20戸未満のワンルームマンションは避けたほうがよいでしょう。ちなみに、総戸数が20戸未満の物件は、金融機関の融資が下りないケースが多いです。

こうした修繕リスクを避けるためには2つの方法があります。1つは、

［専有床面積当たりの修繕積立金の額の目安］

階数／建築延床面積		平均値	事例の3分の2が包含される幅
15階未満	5,000m^2 未満	218円／m^2・月	165～250円／m^2・月
	5,000～10,000m^2 未満	202円／m^2・月	140～265円／m^2・月
	10,000m^2 以上	178円／m^2・月	135～220円／m^2・月
【20階以上】		206円／m^2・月	170～245円／m^2・月

出所：国土交通省「マンションの修繕積立金のガイドライン」より抜粋

前述した調査報告書を取り寄せてどのような修繕を行ったか、また今後どのような修繕計画があるのかを調べてみることです。また、調査報告書を見れば、マンションの管理組合がどのように修繕積立金を積み立てているのか実情がわかります。今後の修繕計画に対して積立金が不足しているなどの状況があれば、マンション管理組合が機能していないとか、マンションの所有者から修繕積立金を徴収できていないなどの問題が明らかになります。修繕積立金を徴収できていない場合は、金融機関からの借入れで賄っているところもあります。

たとえば建築されてから15年、修繕積立金が６００万円程度しかないということになると、問題があります。築15年ぐらいで行う大規模修繕費用の相場は１０００万円から１５００万円程度になります。つまり調査報告書を見てそれぐらいの金額が積み立てられていない場合は、何らかの問題がある可能性があります。こうした長期修繕計画や修繕積立金の積み立て状況を見ることによって、修繕リスクが見つかります。

修繕リスクを防ぐもう１つの方法は、修繕に必要な費用を入ってくる家賃収入から少しずつ積み立てておくことです。将来修繕積立金が上がってしまったとしても、事前に準備しておけば慌てることなく対処することが可能となります。普段から無理のないキャッシュフローを保つことが大事なポイントとなります。

第四のリスク「価格変動リスク」

不動産は市場で価格が決められたり、市場を介して取引したりするものではありません。売主と買主が揃って初めて売買が成立する相対取引となります。

価格が常に一定ではないので、価格変動のリスクがあります。

都内築浅ワンルームマンション投資は、基本的に物件は所有し続けることをお薦めしています。安易に売却しないのがポイントです。

ところが、不動産投資に失敗してうまく回らない人は、購入した資産が最も安いときに売ってしまっています。毎年少しずつマイナスを出していって、積もり積もって手放さざるを得ない状況に陥っています。傷が浅いうちに売り払ってしまおうと考えて、足元を見られ、買い叩かれ、損をしてしまいます。しかしリスクを分析して、リスクに対応する対策を考える都内築浅ワンルーム投資法では、売らざるを得なくなるようなことはあまりありません。前述したように不動産は相対取引なのでニーズが合う人、お互いが納得できる条件の人は割りと見つかります。そういう人が出てくるまで待つことが大事で、待てる余裕を持つことが重要なのです。

こうした価格変動リスクに対しては、長期保有を前提として安易に売らないことです。正しく計画を立てて保有をすれば、売らざるを得ないことにはなりません。万が一売却しなければならなくなったときでも、本当に売りたい価格で売ることができるのです。

第五のリスク「災害リスク」

不動産投資のリスクとして災害リスクがあります。地震や火事、洪水、大雨、事故などの突発的な災害が起きて、住むことができなくなるリスクです。

特に災害リスクの中で注意すべきは地震リスクです。一次的な災害では倒壊や全壊、半壊という建物自体の破損があります。そして地震の二次的災害では火事や津波があります。日本は地震大国で日本に収益物件を保有している限り、地震のリスクから完全に免れることはできません。では、どうすれば少しでも地震のリスクを低減することができるのでしょうか？

１つには、構造がしっかりした物件を購入することです。それが地震リスク対策の基本中の基本です。

記憶に新しい２０１６年４月に発生した熊本地震。最も揺れが大きかったエリアでの調査によると、旧耐震基準の木造建物の倒壊率は28・2％（７５９棟中２１４棟）、新耐震基準の木造建築物の倒壊率は６・９％（１１９６棟中83棟）となっています。さらに、鉄骨造建造物、および鉄筋コンクリート造建造物では３２８棟中26棟が倒壊・崩壊していますが、それらはすべて新耐震基準に満たないものだったことがわかりました。

地震リスクへの対策を考えるには、建物の「耐震基準」について知る必要があります。耐震基準とは「一定の強さの地震が起きても倒壊または損壊《そんかい》しない住宅が建築されるよう、建築基準法が定めている基準のこと」です。

１９８１年（昭和56年）６月１日に「新耐震基準」が施行され、これ以降に建築確認を受けた建物に新耐震基準が適用されています。一方、１９８１年以前の耐震基準を「旧耐震基準」と呼びます。新耐震基準は「震度６強から７に達する大規模地震で倒壊・崩壊しないこと」「震度５強程度の地震でほとんど損傷しないこと」となっています。ちなみに、旧耐震基準では「震度５強の地震で倒壊しないこと」が基準でした。

国土交通省の推計では、戸建てやマンションなどの住宅施設のうち、新耐震基準と同等の耐震性能を持つ建物の普及率は２０１３年時点で約82％だと言われています。政府は、２０２０年までに新耐震基準の耐震性能を持つ建物の普及率を95％にまで伸ばしていきたいと考えています。

もちろん、必ずしも新耐震基準の建物が絶対に倒壊しないとか、全壊しないという意味ではありません。阪神・淡路大震災における建物の被害状況を見ると、耐震基準の違いによって建物被害に大きな差が生じています。1981年以前の建物では約3割が大破・倒壊しており、中破・小破も合わせると7割弱にも及んでいます。それに対して1981年以降の建物では、大破・倒壊・中破・小破まですべて合わせてもほとんどありませんでした。このことから、新耐震基準で建築された建物は安心というイメージが広がりました。

不動産投資での火災リスク対策は 原則火災保険で対応

不動産投資で火災などのリスクに対応するには、火災保険に加入します。火災保険は、火災、落雷、ガス爆発などの破裂、爆発、風災、ひょう災、雪災などの被害に対して補償してくれます。「住宅火災保険」と盗難や災害、水災（洪水、高潮、土砂崩れ）に対応することができる「住宅総合保険」に分けられます。

基本的には、建物を補償するための「住宅火災保険」に加入すれば十分です。それとは別に、入居者にも自分で起こした火災による損害を補償するための「火災保険」と、燃えてしまった入居者自身の家財を補償するための「家財保険」に加入してもらいます。

ちなみに不動産投資では、ローンを活用して都内築浅ワンルームマンションを購入する場合は、火災保険に加入することが金融機関の融資を受ける必須条件となっています。火災保険の保険料は一括して支払う必要がありますが、10年間の保険料は2万円程度と比較的安いので、安心してください。注意したいのは、現金で物件を購入する場合は火災保険への加入が任意になるということ。前述しているように万が一の災害リスクは火災保険で補うので、火災保険には加入しておきましょう。また、安い火災保険を選びがちですが、安い保険の場合は支払われる条件が限られているケースがあります。たとえば、一定の被害額に到達しない場合は保険料が支払われないとか、事故のたびに自己負担を求められるなどです。契約内容をきちんと把握することが大切です。

地震保険は入らなくていい!?

地震保険は、火災保険に付帯する形で加入するため、火災保険に加入していないとそもそも加入することができません。地震保険の内容は地震による火災や物件の損傷などに対する補償が中心となります。保険会社によってそれほど大きな違いはありません。しかし、セットになっている火災保険自体は保険会社によって補償内容が大きく異なっていますので、どちらかといえば火災保険の内容が充実しているところを選ぶとよいでしょう。少ない金額でも補償されるほうがよいと考えるのであれば、地震保険に加入するのも一つの方法です。

地震保険の保険範囲と補償額

ちなみに地震保険は民間会社だけでは保険金の支払いに限度があるため、再保険制度という仕組みで国と保険会社が共同で運営しており、補償内容も保険料も各社一律というのが特徴です。地震保険では、地震や噴火、津波を原因として自宅が火災や損壊、埋没したときに保険金が支払われる仕組みです。契約する地震保険の金額は火災保険の契約金額の30～50%の範囲で決められており、損害の区分によって支払い金額が異なります。

たとえば柱や屋根などが被った損害額が建物の時価の50%以上に相当した場合は、全損として認められます。全損の場合は、時価を上限として保険契約額の100%分を支払うということになっています。

たとえば2000万円の物件で、そのうち建物が1000万円だったとします。保険金は全損でも建物の時価の50%しか補償してくれないので、500万円となります。

損害の認定は、2017年1月以前は「全損」「半損」「一部損」の3つの区分だけでしたが、2017年1月以降は半損の区分が「大半損」「小半損」の2つに分けられました。支払われる保険金は大半損で契約額の60%、小半損で30%になります。これにより「全損」「大半損」「小半損」「一部損」の4つの区分に合わせて保険金が算定されることになりました。なお、この区分は2017年1月以降にスタートする保険で適用されたため、2016年までの契約分については3区分のままになります。

たとえば先ほどの事例で地震で建物が大半損となった場合、契約額の60％しか支払われないので、５００万円×60％で、３００万円しかもらえません。地震によって損壊した場合は、入居者が住めない状態になっているのですが、３００万円ではどうにもなりません。まずは建物自体の修理が必要になることから、その間の家賃と考えるしかありません。

また、地震保険料は政府の地震調査研究推進本部が地震リスクの評価を見直したために、２０１７年1月以降、全国平均で5・1％保険料が上がることになりました。今後も段階的に引き上げられて、２０１８年2月現在の保険料より最大で2割ほど上がる予定となっています。

契約書で正しい保険料率をチェックする

保険代理店によっては、正しい保険料率が適用されていないケースも見られます。耐火性能が高い物件なのに、耐火性能が低い物件に適用される保険料率が適用されている、初歩的なミスが横行しています。建物の構造は建築確認済証で確認できるので、自分の物件の保険料率が間違っていれば申し出て差額を請求することもできます。契約書をきちんと確認しておきましょう。

火災リスクを減らすには昔ながらの街並みのエリアは避ける

古い街並みに立つマンションには、要注意です。赤坂や虎ノ門でも昔ながらの街並みが残っているのですが、そういう地域は住宅と住宅の間の道がとても狭く、建物同士が密集しているのが特徴です。雰囲気はとても良いかもしれませんが、ひとたび火災が起きると燃え広がることがあります。また、古い街並みに建築されている物件は旧耐震基準だったりするので、倒壊する恐れもあります。マンション自体には問題がない場合が多いのですが、住宅密集地からの火災によって、所有しているマンションが火災に巻き込まれることも考えられます。古い街並みに近いマンションは、災害リスクを避けるためにも投資しないほうが無難です。判断の方法としては、周辺の住宅で建築基準法上の接道義務が果たされているかどうかをチェックしましょう。接道義務とは、建築基準法第43条の規定により、建築物の敷地が、道路に2m以上接しなければならないとする義務のことです。道路とは同法第42条で定義されている幅員4m以上のものを言います。

これは火災などの災害時に消防車や緊急車両の経路を確保するための法律ですが、古い街並みではこの接道義務が果たされてない場所があります。公図などの書類でも確認できますが、現地の調査でも物件の敷地の前面道路の幅員が4m以下の場合、古い街並みであると判断できます。いざというときの延焼などを避けるために、そうした土地に立つ建物は避けたほうがいいかもしれません。

東京23区の地域危険度ランキングマップを調べよう

東京都都市整備局が出している「地震に関する地域危険度測定調査」（http://www.toshiseibi.metro.tokyo.jp/bosai/chousa_6/home.htm）を見て、自分が購入するエリアはどのくらい自然災害が発生する可能性があるのかということを調べる方法があります。

東京都が実施している地域危険度測定調査は、都の条例に従って建物倒壊危険度（建物が倒壊する危険性）火災危険度（火災発生による延焼の危険性）災害時活動困難度（災害時の避難や消火救助等のしやすさ困難さを考慮した危険性）の３つの項目を1～5段階のランクによって分けています。数値が高ければ高いほどその危険性があるということになります。

ホームページ内の統合危険度ランクマップを見てみますと、古い街並みが多い城東地区が災害の危険度が高いということがわかります。こうしたマップを参考にしながら、自分が購入したいエリアの自然災害リスクを頭に入れておきます。

なお市区町村では、洪水や浸水が発生したときのハザードマップを作成しています。地震や火災の危険度を表したランキングマップと併せて活用したいものです。

渋谷区洪水ハザードマップ
（浸水予想区域図）

※この地図は、東京都より公表された以下の資料に基づき作成しています。

対象とした図面）「神田川流域浸水予想区域図」（平成13年8月30日作成）
「城南地区河川流域浸水予想区域図」（平成16年5月26日作成）

対象とした降雨） 平成12年9月 東海豪雨（総雨量 589mm 時間最大雨量 114mm）

図面の見方のポイント
一般的に河川沿いは低地であるため、浸水深が大きくなり注意が必要です。また河川から離れていても、青・水色・緑色で示される場所は地盤が低いため、浸水深が大きくなるので注意してください。
浸水深メッシュについて
・浸水の深さを示すひとつの 四角（メッシュ）の大きさは50m四方 です。50M四方ですので、おおよそのシミュレーション結果としてみてください。
・浸水の深さを計算するときは、50Mメッシュ内での最大の水深となる地点データを示しています。よって同時刻での状況を示したものではありません。

地理院長の承認を得て、同院発行の数値地図2500（空間データ基盤）を使用したものである。
（承認番号 平19総使、第226号）

部管理課管理係 ＴＥＬ ３４６３－２７７３

1:25000

（ 平成２９年４月 更新 ）

渋谷区洪水ハザードマップについて

このたび渋谷区では、区内の「神田川流域」「城南地区を流れる渋谷川の流域」について、東京都の公表資料に基づいた洪水ハザードマップを作成いたしました。

この地図は、東京都が平成12年9月に発生した東海豪雨を想定し、当該流域の河道整備状況および洪水調整施設等を勘案したうえでの洪水状況のシュミレーションを参考に、区民の皆さんの避難に役立つよう作成したものです。

洪水の予想される区域および程度は、雨の降り方や、河川・下水道の整備状況によって変化することもありますので、常にこの地図のような浸水があるというものではありませんが、十分注意が必要です。

大雨の際には、区から避難勧告や避難指示がでる場合もありますので、各種情報に十分注意をはらいましょう。

平成２０年１０月　渋谷区

避難所

NO	場所名	住所
1	加計塚小学校	恵比寿4-21-10
2	臨川小学校	広尾1-9-17
3	猿楽小学校	猿楽町12-35
4	鉢山中学校	鶯谷町9-1
5	長谷戸小学校	恵比寿西1-23-1
6	商工会館・消費者センター	渋谷1-12-5
7	常盤松小学校	東1-7-10
8	広尾小学校	東3-3-3
9	広尾中学校	東4-13-25
10	文化総合センター大和田	桜ヶ丘町23-21
11	神南小学校	宇田川町5-1
12	松濤中学校	松濤1-20-4
13	富谷小学校	上原1-46-4
14	上原小学校	上原3-13-20
15	上原中学校	上原3-41-2
16	渋谷区スポーツセンター	西原1-40-18
17	代々木中学校	西原1-46-1
18	西原小学校	西原2-22-1
19	代々木山谷小学校	代々木3-47-1
20	幡代小学校	初台1-32-12
21	渋谷本町学園	本町4-3-1
22	渋谷本町学園第二グラウンド体育館	本町4-39-1
23	旧本町東小学校 ＊改修工事中のため、現在利用できません	本町3-46-1
24	中幡小学校	幡ヶ谷3-49-1
25	笹塚小学校	笹塚2-8-1
26	笹塚中学校	笹塚3-10-1
27	千駄谷小学校	千駄ヶ谷2-4-1
28	鳩森小学校	千駄ヶ谷5-9-1
29	旧代々木小学校	代々木2-35-1
30	原宿外苑中学校	神宮前1-24-6
31	ケアコミュニティ原宿の丘	神宮前3-12-8
32	神宮前小学校	神宮前4-20-12

出張所・土木事務所等

施設名称	住所
新橋出張所	恵比寿1-27-10
恵比寿駅前出張所	恵比寿4-2-6
上原出張所	上原1-18-6
西原出張所	西原2-28-9
初台出張所	初台1-33-10
本町出張所	本町4-9-7
笹塚出張所	笹塚3-1-9
千駄ヶ谷出張所	千駄ヶ谷4-5-14
神宮前出張所	神宮前6-10-14
神宮前土木事務所	神宮前6-21-11
幡ヶ谷土木事務所	幡ヶ谷3-32-4
大山資材倉庫	西原[illegible]

防災関係機関連絡先

機関名	電話番号
渋谷区役所	3463-1211
渋谷警察署	3498-0110
原宿警察署	3408 0110
代々木警察署	3375-0110
渋谷消防署	3464-0119
恵比寿出張所	3440-0119
松濤出張所	3469-0119
代々木出張所	3378-0119
富ヶ谷出張所	3465-0119
原宿出張所	3375-0119
渋谷区清掃事務所	5467-4300
東京電力(株)（停電）	0120-995-002
東京ガス(株)（ガス漏れ）	0570-002299
水道局渋谷営業所	5784-0766
下水道局渋谷出張所	3400-9477
東京都第二建設事務所　目黒工区	3715-3265

※土のう配布のご要望は、区役所へご連絡ください

第6章

物件を選ぶ知識と知恵を身につける

ワンルーム不動産投資で失敗する理由を知っておく

ワンルームマンション投資に本当の意味で失敗した人は少ないのですが、不動産投資を続けられなくなる人は意外に多いのです。

物件の選び方に問題があるケースや、不動産会社のセールストークに乗ってしまい、苦しい状況に置かれるという2つのケースがあると思います。不動産投資が続けられなくなる理由を失敗の典型事例から学ぶことからスタートしましょう。

失敗理由1　収益性に影響する高い金利での購入

毎月の収益性に影響する高い金利で物件を購入をしていると非常に失敗しやすいと考えられます。たとえば２０１８年2月現在、2・5％以上の金利でローンを組んでいるとすれば、恐らく毎月の収支に影響を与えているはずです。イールド・ギャップという不動産投資の考え方があります。これは物件の利回りから借入金利を差し引いた数値のことを指します。毎月のローン金利が高く、利回りとほぼ同じかそれ以上であれば大きな問題です。

たとえば、都内に新築ワンルームマンションを購入した加藤さん（仮名）。不動産投資をスタートしようと考えたのも、将来の生活費の補てんや収入減に備えたいと考えたからです。マンションの購入を薦めてくれた営業マンも、将来の収入の補てんとして、毎月1万円ぐらいの支出で購入できますなどというセールストークで加藤さんに購入を迫りました。

結局、新築ワンルームマンションを2戸購入し、ローンの月々の返済額や管理費、修繕積立金、サブリース契約の支払いを合わせて毎月の出費は約15万円。特にローンの金利が高くなっているため、返済金額が多くなっていました。家賃収入は12万円。毎月3万円のマイナスが出ていても、ローンを完済すれば自分のものだと考えて支払いを続けていました。ところが会社の業績が低迷して、転職をすることになりました。年収が減ったため、毎月の赤字の補てんも貯金を切り崩して対応することに。購入してから2年後のサブリースの契約更新では、家賃の減額を迫られそうとのことからついに売却を決意したそうです。

低い金利であれば、マイナスになることもなく手放す必要もなかった可能性があるのです。

失敗理由2　入居者がつきにくい地域の物件を買う

入居者がつきにくいエリアの物件を購入してしまうというのも失敗につながりやすいです。「老後の資産のために……」「老後の収入の補てんに……」「年金代わりに……」という言葉に釣られて、どのエリアでもよいので物件を購入しようというスタンスだと、不動産会社から入居者が付きにくい地域の物件を買わされる可能性は大です。

たとえば、墨田区は東京スカイツリーが完成したり、ソラマチなどその周辺の環境が整備されたりして何かと話題になりやすいエリアです。

墨田区には新築のワンルームマンションがたくさん建築されているのですが、分譲価格が高く設定されていて家賃も割高で、いずれ不動産投資を続けられなくなるのではないかと心配したくなるような物件もたくさん見かけます。

たとえばＪＲ秋葉原駅まで電車で6分、ＪＲ御茶ノ水駅まで電車で8分の墨田区のＪＲ錦糸町駅のワンルームの家賃相場の平均は、８万４０００円（LIFULL HOME'S http://www.homes.co.jp/chintai/price ２０１８年２月現在）です。一方、東京メトロ丸ノ内線で新宿駅から電車で４分にある中野坂上駅のワンルームマンションの家賃相場の平均は、７万２８００円（２０１８年２月現在）です。主要ターミナル駅までのアクセスと家賃の差を考えると、断然、中野坂上駅のほうがメリットが大きいと考えられます。しかし墨田区のワンルームマンションは、新築マンションが多いため、１万円以上もの家賃の差があるのです。もう少し家賃を下げないと入居者がつきづらい可能性もあるのです。

それだけでなく、物件が建築されているエリアが最寄りの駅から徒歩10分以上かかって遠かったり、住みづらい環境であったりすることが多いものです。入居者がなかなかつかないことから、家賃を下げざるを得なくなり、結果的にキャッシュフローが悪化する傾向があります。

失敗理由３　街のブランドに踊らされて購入する

街のブランドに踊らされて、入居者がつきづらいエリアの物件を購入してしまう失敗のケースがあります。

たとえば東京の日本橋。一等地でオフィス街や三越などの百貨店が揃うブランド力が非常に高いエリアです。入居需要も多い人気のエリアですが、一口に日本橋といってもピンからキリまであります。

東京メトロ銀座線三越前駅の周辺は日本橋のど真ん中です。日本橋三越本店もありコレド日本橋やコレド室町という総合商業施設などもあって平日でも休日でも賑わっています。こうした地域に格安で築浅の中古ワンルームマンションを持つことができれば、需要も高く、安定した家賃収入が得られると考えられます。

しかし、ＪＲ馬喰町駅だと、同じ日本橋でも中心街からは外れるエリアとなります。普段は繊維問屋街なので周辺には主だった商業施設などもありません。平日はともかく、休日ともなれば閑散として寂しいエリアです。家賃が安ければ別ですが、毎月９万円ほどの家賃を払えるそれなりの収入を持っている人が、わざわざ寂しい地域に住もうと思うでしょうか。恐らくほかの地域を探そうと考えるのではないでしょうか？　こうして入居者募集が難しくなっていき、家賃を下げざるを得なくなってキャッシュフローが悪化するのです。

失敗理由４　値上がりトークに乗せられて購入する

不動産会社の値上がりトークに乗せられて購入するケースもまだまだ多いと言えます。値上がりトークとは「将来この地域の土地が値上がりするので買いですよ」という何の根拠もないセールストークによって、その気になって購入してしまうというものです。

私が聞いたセールストークの中には、東京スカイツリーをネタにしていたものがありました。その営業マン曰く、前述した『ＡＬＷＡＹＳ 三丁目の夕日』の映画には東京タワーが出てきます。

「東京タワー周辺に土地を持っていた人たちは、戦後の経済成長で土地が上がり大金持ちになった。東京スカイツリーの周辺に不動産を持てば同じようにお金持ちになれる」

もちろん、そんな根拠はどこにもありません。経済成長も当時の日本と比べたら異なります。むしろ今後の人口減少社会が到来することを考えれば、東京スカイツリー周辺の不動産の価格は下がる可能性すらあります。

ほかにも「新しい駅ができるから値上がりする」という新駅セールストーク、「オリンピック需要で値上がりする」というオリンピックセールストークなど、さまざまなセールストークが存在するので惑わされずに物件を正しく評価することが大事です。

失敗理由5　管理が機能していない激安物件を購入してコストがかかる

ワンルームマンションは「管理を買え」と言われるほど、管理の状況によって資産価値に大きな違いが出てきます。管理組合による管理が機能していない激安マンションは、資産価値が下がる一方です。

たとえば銀座にある中銀カプセルタワービル。建築家の黒川紀章さんの代表作の一つとして知られる140ものカプセルがある個性的なマンションです。ビルは1972年に完成したため、2018年で築46年。老朽化が進んでいることで有名です。2018年2月現在のワンルームの参考価格は600万円から800万円前後。想定賃料は6万円から7万円で、表面利回りは9%程度になります。利回りも高いので一見すると魅力的な物件のようにも思われます。

物件を維持していくためには大規模修繕をする必要があります。ところが、中銀カプセルタワービルでは管理組合が建て替え派と修繕派とで意見が折り合わず、大規模修繕をすることもできずにそのままになっているというのです。これではいくら激安でも、今後安定した不動産投資は難しくなってしまいます。

こんな話もあります。以前私たちの会社で郊外に200万円程の激安ワンルームマンションを購入。駅から徒歩10分の好立地なのですが、築年数が50年以上経っている物件で、総戸数が10戸、外壁のひび割れがひどく、マンションの構造である躯体がボロボロになっていました。1階にある店舗と、外国人が1人住んでいるだけで、空室率は90%。住人がいないのでマンションの管理組合も機能せず、修繕計画が頓挫している様が窺えました。

このような状態では老後の収入の補てんをするどころか、入居者を募集するのも難しく、所有しているだけで税金や管理費などがかかります。

このように管理が行き届いていない激安物件では、購入すればすぐに儲かるという考えを持っていては、失敗する可能性が非常に高くなるのです。

ここまで5つのケースを見てきましたが、いかがでしたでしょうか？「その物件の良し悪しも確かめず安易に購入した結果、回らなくなっているということが多いことがおわかりでしょう。都内築浅ワンルーム投資を目指すのであれば、このような失敗は避けなければなりません。

失敗しないために必要な3つのポイント

先ほどの5つのケースのような失敗をしないためには、次の3つが必要となります。

ポイント1「物件選び」
ポイント2「不動産会社選び」
ポイント3「管理会社選び」

それぞれ説明をしましょう。

ポイント1「物件選び」

不動産投資は購入時点で8割成否が決まってしまうと言われています。それだけ立地が非常に重要で、物件そのものの価値も重要です。安定した収入が得られ、資産価値が高く、適正な価格で売られている物件を選んで購入することが大事です。それだけ重要なポイントですので、不動産会社のセールストークに騙されたり、現地調査に1回も行かずに購入するのはやめましょう。

そのためには、どのような物件が将来の守りの資産になるのかを知識や知恵として勉強する必要があります。勉強すると言っても何も難しいことはありません。投資家という立場で物件を見るのではなく、そこに住もうとしている入居者目線に立って物件を選ぶことです。わからないことがあればそのままにせず、現地に足を延ばして見ることです。そうすることによって疑問点が解消する場合も多いものです。入居者の立場になって物件を探すことが大事なのです。詳しくは後ほどこの章で紹介します。

ポイント2「不動産会社選び」

2つ目は、不動産会社選びです。詳しくは後ほど説明しますが、投資のパートナーであり、管理も含めれば今後何十年ものお付き合いとなる不動産会社を選ぶことは、物件を選ぶことと同じくらい重要です。不動産会社の中には、個人投資家をカモとしてしか見ていないところもあります。そうした不動産会社に当たってしまう人の特徴は、ほとんど説明も受けずに一気に何件も買わされてしまいます。これは、その人が持っている信用枠がいっぱいになるまで、収益物件を買わされてしまうところから起きる悲劇です。購入させられた人たちの中には次第に収支が回らなくなって、不動産投資そのものをやめざるを得ない状況にまで追い込まれる人もいます。そのようなことがないように、投資のパートナーである不動産会社はしっかりと選びたいものです。一番いいのはその会社が主催しているセミナーに出席すること。セミナーに出席すればその会社のスタンスはある程度わかります。とにかく買ってもらうまで帰してくれない会社は言語道断ですが、不動産投資のメリットばかり伝えて、投資リスクについてあまり触れないという会社も問題があります。詳しくは後ほど紹介します。

３～４件異なる会社でセミナーを受けてみると、どの会社が投資パートナーとして相応しいかがわかるはずです。自分の投資スタンスを尊重してくれて、何でも話しやすい雰囲気がある不動産会社を選ぶようにしましょう。

ポイント３「管理会社選び」

不動産投資で管理というと、建物管理と賃貸管理の２つがあります。

建物管理とは、建物（マンション）全体の運営に関する管理を行うことです。マンションの管理員として共用部分の設備の点検、エレベーターや消防設備などの定期的な法定点検、さまざまな工事の立ち会いなどの管理員業務や、エントランスや共用廊下、階段などを定期的に清掃する清掃業務などがあります。

都内築浅マンション投資の場合、建物管理はその物件の管理組合が選んだ建物管理会社が行います。自分で自由に建物管理会社を選ぶことはできません。管理組合の議決合意が必要になります。もう1つの賃貸管理とは、入居者の募集から審査、賃貸借契約およびそれまでの事務処理、契約の更新または解約の受け付けと処理、入居者からの苦情処理対応、家賃の集金、オーナーへの送金、滞納督促、退去時の立ち会いや敷金精算などを行います。

管理会社選びで重視すべきなのは、賃貸管理会社です。

不動産投資はあくまでも投資であり、会社員で投資をしている人は本業があります。そのため、なるべく手間をかけずに投資の運用を行っていく必要があります。また不動産投資の場合、資産の価値は管理で決まると言われるほど、管理会社は非常に重要なのです。そのため信頼できる管理会社を選ぶことが重要になります。管理会社の中には対応が悪かったり、いつまで経っても入居者が決まらなかったりするケースもあります。投資のパートナーとして信頼できる管理会社を選ぶ必要があるのです。詳しくは第7章で紹介します。

物件を選定する方法

投資したい物件を選定する方法はいろいろあります。不動産投資の収益物件を扱っているポータルサイトで調べる方法や、不動産会社が主催しているセミナーで物件を提案してもらうという方法があります。

インターネットで物件を調べるには、次の不動産投資用の物件検索ポータルサイトがオススメです。

ライフルホームズ不動産投資（http://toushi.homes.co.jp/）
楽待（https://www.rakumachi.jp/）
健美家（https://www.kenbiya.com/）

入居者目線に立って立地を選ぶことが基本中の基本

これまで何度も紹介している通り、不動産投資では収益物件を購入する立地がとても重要になります。立地を間違えるとまったく入居者が決まらなかったり、ほかのワンルームマンションが多く、家賃の価格競争になってしまうものです。また、入居したい人が便利だと思わない立地を選んでしまえば、どんなに内装をキレイにしても、設備を充実させても当然ながら入居者を見つけることは難しくなります。これまで見てきたように、入居者を募集するにあたって家賃を下げても空室が埋まらないということもあるのです。

では、どのような場所で築浅ワンルームマンションを検討をすればよいのでしょうか？　ポイントとしては「住みやすさ」がキーワードとなるでしょう。

ワンルームマンション投資の立地が良いエリアとは？

都内築浅ワンルームマンションのエリアを選定するときに、一番重要なのが家族で住みたい街と1人で住む街というのは、選定基準が変わってくるということです。

家族向けで人気の街の特徴は、住まいの近くに大きな病院があるとか、小学校、中学校、高校の学校施設が充実している、子どもが遊べるような施設や公園などがある。これが家族向けだと思います。一方、単身世帯に人気の街は家族向けで重要だった病院や学校施設、公園などは、あまり重要視されていません。では、単身世帯がどのようなエリアを選ぶのかというと、飲食店を中心とした店舗が街にたくさんあるというほうが一人暮らしの人には喜ばれます。

ひと言で言えば、街に活気があるということでしょうか。活気がある街にある施設と言えば、飲食店、ファミリーレストラン、ファーストフード店、カフェ、スーパー、コンビニエンスストア、薬局などでしょうか。つまりは、一人暮らしの人が生活するためにお店が充実していて、さらには女性も男性も1人でも入りやすいような飲食店が多いということなのです。

あるマーケティング学者が、1人で入れる美味しい店が充実している街は人が集まりやすいという関係性を発表していましたが、街の活気と入居需要というのは一定の関係があるものなのです。

ターミナル駅に一本で行けるエリアを探索しよう

また、ターミナル駅に一本で行ける駅周辺をターゲットエリアにするというのもよいでしょう。新宿や渋谷、東京といったターミナル駅に電車で15分以内に行けるエリアは有望です。そういう場所には大学や会社が密集しており、学生も多いもの。入居需要も当然ながら高いと言えます。ターミナル駅にアクセスが良い駅から徒歩8分以内に、築浅のワンルームマンションがあれば特に狙い目です。たとえば、明大前は電車一本で渋谷、新宿に出ることも可能です。こうした便利なエリアは人気も高く安定した家賃収入が狙えるはずです。

人通りが少ないエリアは人気がない

前述したように、日本橋近辺の馬喰町駅周辺は、平日は人通りが多いけれども土日になると閑散として人通りが少ないので、基本的にあまり投資対象になりません。なぜならば、街に活気がないからです。1人で入れるような飲食店が休日は閉まっていたり、カフェやスーパー、ドラッグストアなどの店舗数が少なく、単身世帯には暮らしづらいエリアになってしまいます。

一般的にオフィスエリアとして有名な街は、あまり投資向きでないということになります。

商店街がある街は狙い目

商店街がある街は狙い目です。そのエリアに商店街があれば、一人暮らしで日常生活をする上で必要なものは商店街の中の店舗で購入することができます。商店街があることでイベントやお祭りなども定期的に行われたり、新しいお店ができたりして街に活気が生まれます。平日だけでなく休日でも賑やかなので、この街に住みたいなという気持ちにさせてくれるのも大きなポイントです。

一人暮らしの20代女性が住みたいかどうか？ を考える

都内築浅ワンルームマンション投資では、ターゲット層は基本的に「一人暮らしの20代女性が住みたいかどうか？」という基準でエリアを探すべきです。もちろん、入居者のほとんどがたまたま男性というケースもありますが、私たちがお薦めするエリアの一例は次の通りです。

三軒茶屋
笹塚
学芸大学
大井町
高田馬場
五反田
中目黒
御茶ノ水
中野
荻窪
武蔵小山
吉祥寺

これらのエリアには、単身世帯、つまり一人暮らしの人が住みやすい店舗が充実していて、人気の駅でネームバリューがあるのに、それほど家賃相場が高くなく、商店街も充実しているなどがあります。

たとえば、東急田園都市線三軒茶屋駅などは渋谷駅から2駅目なのに、それほど家賃が高いというわけではありません。昭和女子大学という学校もあり、商店街が充実していて、飲食店も多いと言えます。

また例えば東急目黒線武蔵小山駅ですと、2020年に三井不動産レジデンシャルと旭化成不動産レジデンスが提携して開発する駅直結の「パークシティ　武蔵小山ザタワー」が建築されます。2021年には、住友不動産がその物件の隣にマンションを建築すると言われています。さらに、この2026年から2030年には三菱地所レジデンスがマンション建築を予定しているなどとも言われています。

このため、これから2030年にかけてファミリー層を中心に2400世帯が武蔵小山のエリアに入居するとも言われています。武蔵小山の人口も大きく増加しそうですし、店舗も一気に増えるでしょう。その便利さゆえに単身世帯の人口も増加する可能性が高いです。

こういった再開発がある場所も注目すべきポイントとなります。

急に人気が出たエリアでの物件選定には注意する

私たちが提案するものは、前述したように城西地区（新宿区・中野区・杉並区）・城南地区（港区・品川区・目黒区・大田区・世田谷区・渋谷区）が中心です。理由は、昔から人気があって安定した入居需要があるからです。安定した入居需要があれば、募集をすればすぐに入居者が決まり、安定した収入に繋《つな》がります。

しかし急に人気の出た地域は、入居需要が安定していないケースが少なくありません。

たとえば、リクルートの「住みたい街ランキング」では穴場だと思われるスポットとして、東京メトロ日比谷線の北千住駅を1位に挙げています。

なぜ北千住に人気が出ているかというと、ここ数年で街のイメージが大きく変わったからです。以前は駅前には赤提灯の居酒屋が並ぶ、中高年の親父さんの聖地のようなイメージでした。２０１２年には、東京電機大学が駅前に移転。地域連携を想定して学食を住民に開放したり、キャンパス内の一部をシェアしたり、近隣の住民と触れ合うイベントなどで積極的に繋がりを生み出して、一気に文教地区のイメージへと様変わりしました。

街に学生が多くなったことで、最近ではおしゃれな飲食店なども開店しています。こうした理由が重なってイメージが変わったのですが、急激に人気が出た地域は人気が廃れるのも急に訪れる可能性があります。

少子高齢化が進み、万が一にも大学が縮小されたり機能が移転したりすれば、街の雰囲気は以前に戻るかもしれません。急に変わった街は別の方向にも変わりやすく、不確定要素が大きいということが言えます。そうした不安要素を避けるためにも、急に人気の出たエリアは投資対象としないほうが無難と言えるでしょう。

城東地区についてもあまり投資対象としてお薦めしていません。城東地区は、下町で観光地としての人気は高いのですが、私たちが投資対象として掲げているワンルームマンションに住みたいという所得の高い入居希望者はあまり多くありません。

城東地区を対象とすると低所得層をターゲットにしなければならないため、入居者の質も悪くなりがちです。低所得者の入居者がすべてというわけではありませんが、傾向として家賃の滞納が発生しやすかったり、高齢者の孤独死が起きたり、または近隣に迷惑をかける入居者の出現などにより安定した家賃収入に悪影響を及ぼす可能性があります。

こんな話があります。以前、ＪＲ山手線鶯谷駅のある高級ワンルームマンションを調査したことがありますが、グレードの高いマンションですら風俗嬢の待機所として活用されていた部屋がいくつもありました。鶯谷が風俗の街としての一面があるせいと思われますが、このような活用方法があるとどうしても空室が長引いてしまったり、短期間で退去が続いてしまったりするものです。もちろんリスクを取れるのであれば、城東地区で不動産投資をする方法もあります。しかし守りの資産を形成するのであれば、安定して収入が得られるエリアに物件を所有するほうがよいと考えられます。

一方で人気があって家賃が高すぎるエリアは、逆に入居者がなかなか決まらないというケースもあります。たとえば中央区銀座周辺ですが、相場の家賃が高すぎるので入居できる層が限られてしまいます。入居できる層が限られれば空室が長引く可能性もあります。年収にして300万円から400万円ぐらいの所得層が入居できるような物件を選ぶべきでしょう。

マンションのブランド（マンションシリーズ）も注目しよう

実は、不動産投資を対象としたワンルームマンションにも、いろいろなブランドがあります。不動産投資を専門に行っている不動産会社が開発したワンルームマンションですが、立地や設備、建物管理などに違いがあります。特に建物管理は、物件の収益を上げるためにとても重要な要素になってくるので注意しておきましょう。以下でオススメのブランドを挙げてみました。参考にしてみてください。

「ガーラ」

エフ・ジェー・ネクストが販売しているマンションシリーズ。ターミナル駅に近く、生活しやすい住環境に立地しているケースが多いと言えます。インターネットなどを活用した最新の設備を整えています。


「パレステュディオ」「コンシェリア」

クレアスライフが販売しているマンションシリーズ。都心ワンルームマンションの最大手である同社グループがプロデュースしています。ハイクオリティな構造・設備には定評があります。


「プレール・ドゥーク」

木下不動産が販売しているマンションシリーズ。入居率の高い、都心の立地環境を綿密に調査しています。高品質の設備と仕様に強みがあります。


「ルーブル」

ＴＦＤコーポレーションが販売しているマンションシリーズ。東京23区、しかも成熟した住宅地でもある城南、城西エリアを中心に安定した戸数を提供し続けています。

「フェニックス」「ＺＯＯＭ」
トーシンパートナーズが販売しているマンションシリーズ。１９９０年、東京都新宿区にフェニックスシリーズ第1号となるマンションを販売。都内で1万戸以上の管理件数があります。

「スカイコート」
スカイコートグループが販売するマンションシリーズ。１９６９年設立の長い歴史と実績に基づいた物件を提供。24時間３６５日体制の建物管理のサポートに強みがあります。

こうした物件は、ワンルームマンションの立地環境や住居設備が充実していて、建物管理も価格も手頃で、質の高いサービスを提供していることが多いと言えます。こうした物件のブランドをチェックするのも必要です。

物件周辺の住環境を特に重視する

ターゲットにしたいエリアが決まり、そこで投資をしたいという物件が見つかれば次には住環境を調べます。

現地に行く前にインターネットのマップなどを見ながら、どのような住環境なのかをチェックします。たとえば、グーグルマップのストリートビューを見ればある程度現地の状況を把握することができます。

「駅から帰るときに深夜までやっているスーパーに立ち寄れる」とか「スーパーの向かいには薬局がある」などがわかります。物件まで大きな道路を通ってアクセスできるのかということも注目のポイントです。

グーグルマップを見ながら、女性1人では安心して歩けないという場所を見つけることもできるのです。

検討対象になる物件はオーナーチェンジになっているケースがほとんどで、入居者が住んでいる状態になっています。部屋の中のチェックは物件のパンフレットや賃貸借契約書を見て把握します。賃貸借契約書には、家賃・敷金、契約日・契約期間などの契約条件、賃借人の属性などが記載されています。

具体的な部屋のチェックポイントは次の通りです。

□物件は住みやすい間取りかどうか？（三角形の間取りだったり、梁《はり》が多くて物があまり置けない状態だったりしていないか）
□設備が充実しているか？（２口コンロ、浴室乾燥機、エアコンなど、人気がある設備が揃っているか）

現地調査は日中を重視する

インターネットなどで物件周辺の調査が終われば、いよいよ現地調査を行います。よく現地調査は日中だけではなく夜間の調査もするべきだと言いますが、基本的には日中の現地調査ができれば、問題はないと思います。余裕があれば行く程度でいいと思います。なお回数は1回で十分だと思います。

現地調査でチェックすべき項目は、インターネットで調査をしたときに存在した店舗がきちんとあるかどうかをチェックしてください。グーグルマップの情報が古い場合もあるのでご注意しましょう。基本的には入居者が住みやすい街かどうかという視点でチェックします。

具体的にチェックをする周辺環境の項目は次の通りです。

□周辺にコンビニやスーパーがあるかどうか？
□夜遅くまで営業している飲食店があるか？
□対象物件までの距離と、信号や踏切の待ち時間など
□対象物件へのアクセスは大通りを経由するか？

対象物件までの距離で見落としがちなのが信号や踏切の待ち時間です。意外と長い時間待たなければいけない信号や踏切は、現地に行ってみないとわかりません。その信号や踏切があるだけで徒歩10分圏内が15分になることもあるので、よく確認をしておきましょう。前述したように、ファミリー向けの物件が投資対象であれば、公園が近くにあることが大きなポイントになります。しかし単身世帯をターゲットにした都内築浅ワンルームマンションでは、公園はなくても問題はありません。逆に公園があることで夜道が危険になる可能性もあります。

物件へのアクセスは女性が夜中に1人で帰っても危険でない程度に、大通りを経由する経路になっているかどうかをチェックしましょう。また大通りに近い環境が重要なので、多少の車の騒音には目をつぶりましょう。

物件までのアクセス途中に寄ることができる夜遅くまで営業している飲食店があるかどうかもチェックポイントです。街全体を購入するつもりで細かいところにも目を配っておきましょう。

入居中の部屋を見ることはできませんが、同じマンションの空室物件は内見することができます。他の部屋で空室があれば内見するとよいでしょう。賃貸マンションを探していると不動産会社に伝えれば、喜んで見せてくれるはずです。部屋に入って雰囲気を確かめましょう。

間取りも正しくチェックしよう

次に購入を検討している物件の間取りにも目を配ります。利便性が高い場所にあっても、マンション全体の設備が充実していても、間取りが悪いのはいただけません。

たとえば部屋にデッドスペースがあったり、柱や梁が部屋を圧迫しているような間取りでは、資産価値は低くなってしまいます。

たとえば次ページ①のような間取りを持つ部屋は、右上に張り出している角の部分がデッドスペースになる可能性が高いです。②は一見③と同じように見えますが、よく見ると杆によってデッドスペースができています。デッドスペースができる部屋は資産価値が低く、売却するときに苦労することになってしまいます。

③は柱や梁などが一切なく理想的な長方形となっており、使い勝手もよさそうなので、資産価値が高い部屋と言えるでしょう。

［間取り図の例］

①

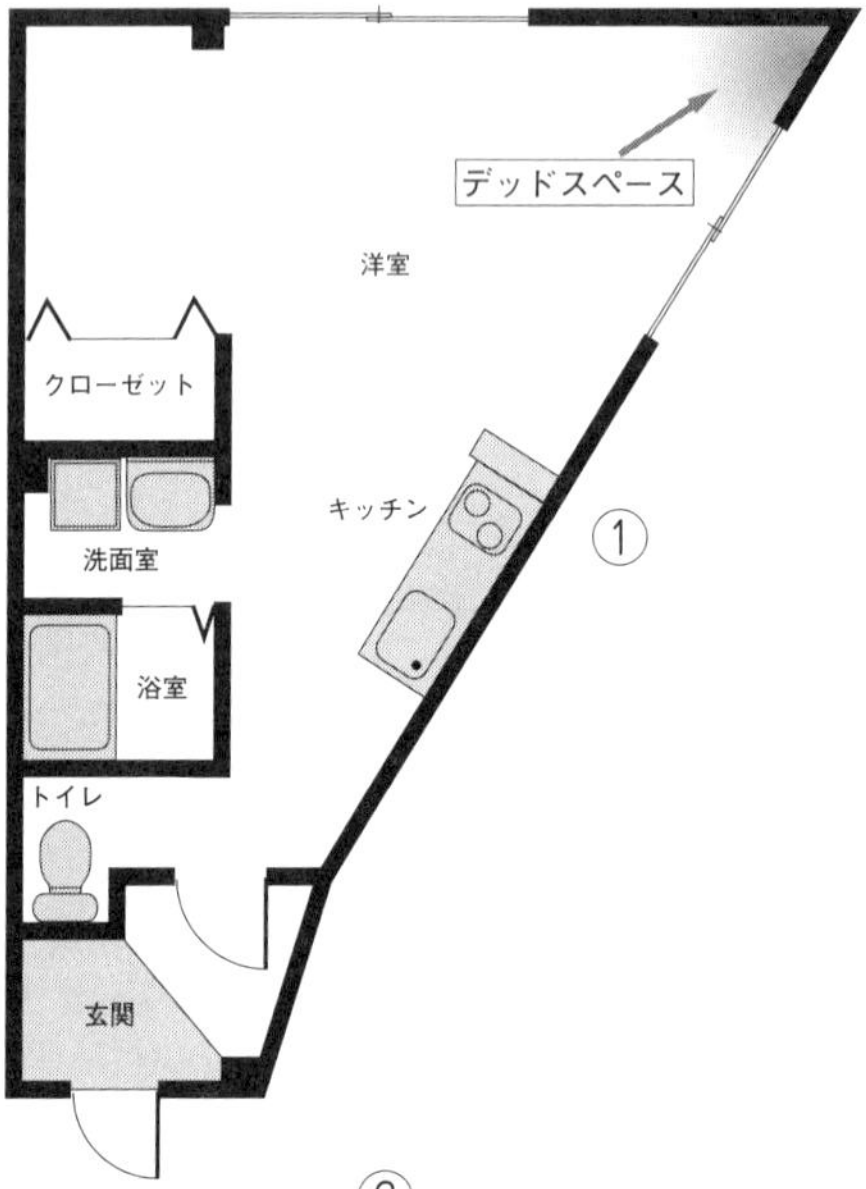
デッドスペース
洋室
クローゼット
キッチン
洗面室
浴室
トイレ
玄関

②

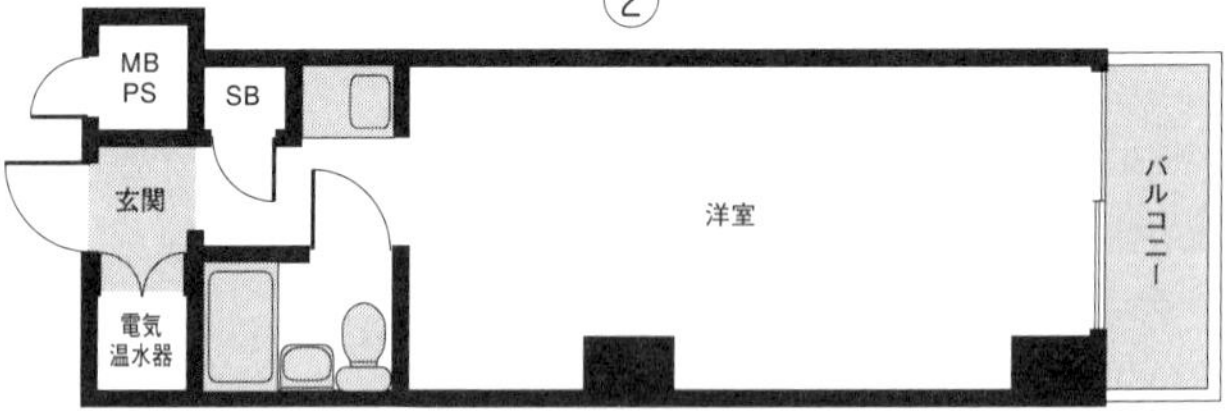
MB
PS
SB
玄関
電気
温水器
洋室
バルコニー

③

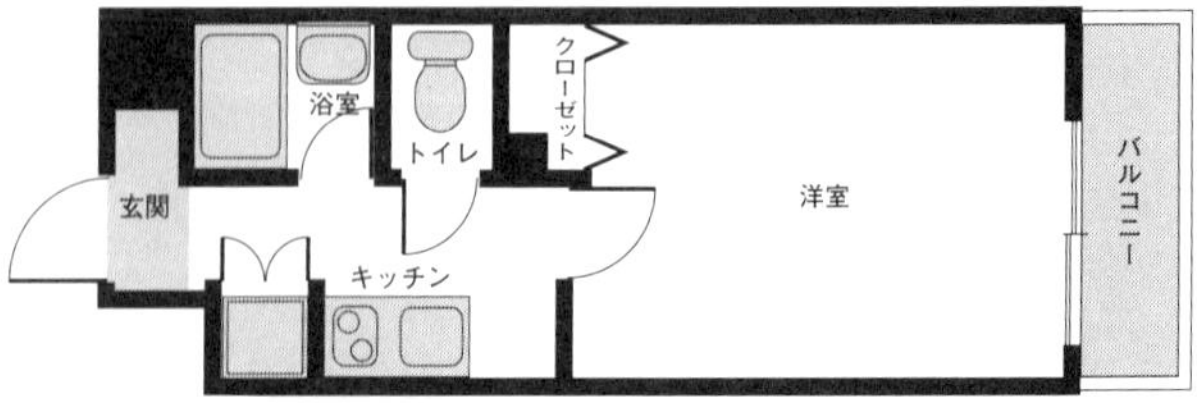
浴室
トイレ
クローゼット
玄関
キッチン
洋室
バルコニー

部屋（専有部分）の設備にも注目しよう

次は部屋（専有部分）の設備に注目します。若い世代にニーズの高い設備が備わっているかどうかをチェックします。

どのような設備がニーズが高いのか、たとえば住宅・不動産購入をサポートする情報サイト「スーモ」の調査結果を参考にするのもよいでしょう。

「一人暮らしのシングルに聞いた設備ランキング２０１７年」を見てみると、シングルの人がどのような設備を求めているのかがわかります。

まず、この設備がないとそもそも選択肢にも選ばれない重要な設備から見ていくことにします。「付いていて当たり前、付いていない部屋は借りない」と思う設備・仕様では、第1に「バス・トイレ別」第2位に「エアコン」第3位に「クローゼット」が挙げられています。部屋選びで選択肢に入るには「バス・トイレ別」「エアコン」といった設備は最低限必要だということがわかります。

これは性別に関係なく上位にランクインしていますから必須の設備です。

一人暮らしのシングルに聞いた設備ランキング2017（SUUMO編集部 https://suumo.jp/article/oyakudachi/oyaku/chintai/fr_data/setsubi-ranking2017/)

［調査実施時期］2017年03月16日（木）～03月17日（金）

［調査対象者］20～30代シングルで一人暮らしの男女

［調査方法］インターネット

［有効回収数］366（男性188名 女性178名）

※すべて複数回答式

逆に家賃が高くなるならいらないと思う設備についても調査では聞いています。第1位に「床暖房」続いて第2位には「浄水器」第3位は「床下収納」です。第4位には「IHクッキングヒーター」なども挙げられていま

家を借りるときに
「家賃が高くなるなら、なくてもいい」
と思う設備・仕様

1	床暖房	47.5%
2	浄水器	38.8%
3	床下収納	38.3%
4	IH クッキングヒーター	36.1%
5	管理人さんがいる	35.5%
6	新築	35.2%
7	浴室乾燥機	32.5%
8	オートロック	32.2%
9	防犯カメラ	30.6%
10	洗浄機能付き便座	30.1%
11	エレベーター	29.8%
12	追い焚き機能	29.5%
13	TV モニター付きインターホン	24.9%
14	宅配ボックス	24.3%
15	南向き	20.2%

「付いていて当たり前
付いていない家は借りない」
と思う設備・仕様

1	バス・トイレ別	60.7%
2	エアコン	59.3%
3	クローゼット	41.8%
4	フローリング	36.9%
5	2階以上	35.5%
6	ガスコンロ付きキッチン	26.8%
7	バルコニー	22.4%
8	独立洗面台	22.4%
9	マンション（鉄筋コンクリート構造）	22.1%
10	オートロック	16.4%
11	TV モニター付きインターホン	15.0%
12	洗浄機能付き便座	12.8%
13	エレベーター	11.2%
14	南向き	11.2%
15	追い焚き機能	9.6%

す。注目したいのが、第6位の新築（35・２％）であることです。住む場所が新しいかどうかよりも家賃が安いほうを望んでいることがわかります。

ランキング結果からは、家賃が上がるのであれば最新設備は望んでいないことがわかります。

相場の家賃を把握する

最初に行うのは、これから投資をしようとしている物件と比べてほかの物件がどのくらいの家賃で募集をしているのかを調べることです。方法はその物件がある駅前の地元の不動産会社などに、そのような部屋を探している感じで電話連絡をしてみることです。不動産会社に同じような条件の部屋だと、どのくらいの家賃で借りることができるのかを聞いて調査をします。

地元の不動産会社であれば、おおよその家賃の相場感を伝えてくれるはずなので、これから購入しようと考えている物件の販売図面に書かれている家賃が相場に沿ったものかどうかがわかります。相場よりも高い賃料設定で利回りの見栄えだけ良くした物件も中には存在するので、調査をすることはとても大事です。

物件の管理状況を調べる

投資対象として選んだ物件であっても、物件の建物の管理状況が悪ければ資産価値は下がります。また、建物の管理状況が悪ければコストが大きくなり、毎月のキャッシュフローも悪化しがちです。

そのようなことがないように事前に物件の管理状況を調査しておきましょう。

「管理規約」を確認する

マンションには、多くの人が1つの建物に住むことから居住者間のルールを定めた「管理規約」というものがあります。管理規約には所有者や居住者の利害関係を調整し、修繕計画などの決定を行う管理組合の運営、リフ

［管理規約の目次の例］

目　次

1.規約

第1章　総則 …… 1

第2章　専有部分等の範囲 …… 2

第3章　敷地及び共有部分等の共有 …… 3

第4章　用法 …… 3

第5章　管理 …… 5

第6章　管理組合 …… 9

第7章　会計 …… 17

第8章　雑則 …… 19

2. 使用細則 …… 27

3. 監査基準に関する細則 …… 37

4. 住宅等の模様替え及び修繕に関する細則 …… 39

5. 自転車置場使用細則 …… 43

6. バイク置場使用細則 …… 47

7. バイク置場契約書 …… 50

8. 動物飼育細則 …… 52

9. 防犯カメラ運用細則 …… 57

10. 宅配ボックス使用細則 …… 60

11. 管理事務の委託に関する契約成立を証する書面 …… 62

オームをするときのルールなども記載されています。売買契約締結前に提出される書類ですが、事前に売主から提出してもらい、管理規約に1度目を通しておくのがよいでしょう。

「管理の収支」を確認する

　前述のように管理組合の収入としては、管理費のほかに修繕積立金や駐車場、専用庭、トランクルーム、駐輪場などの共用施設の使用料などもあります。これらの収入が各オーナーから正しく集められているかどうかをチェックします。管理組合の収支に関しては「調査報告書」で見ることができます。

「調査報告書」には、管理組合の財産状況や

［管理委託費月額内訳の例］

業務費内訳	業務内容及び業務費月額	
一　事務費管理業務費	ア　会計業務	月額　15,000円
二　管理員業務費	ア　労務管理費	月額　46,000円
三　清掃業務費	ア　定期清掃	月額　3,000円
四　建物・設備管理業務費	ア　消防設備点検業務（年2回） イ　給排水設備点検業務（年1回） ウ　設備機器遠隔管理システム（24時間） エ　エレベーター設備点検業務（POG） オ　共有部分外観目視点検業務（年1回）	月額　12,500円 月額　3,500円 月額　10,000円 月額　15,000円 月額　4,000円
五　本社管理業務費		月額　08,000円
小　計		月額　177,000円
消費税額等	（8%）	月額　14,160円
合　計		月額　191,160円

管理費の滞納状況、管理費の値上げ予定、大規模修繕計画や修繕履歴などが記載されています。

ここでチェックするのは、管理費や修繕積立金が物件概要書などに記載されているものと違ってないかどうかです。修繕積立金については建物全体でどれだけ貯まっているかが重要になります。調査報告書からは、滞納の実態も把握できます。毎月積み立てられている額に対して、滞納されている金額が5％から10％に達していたら注意が必要になります。

修繕履歴を含めて大規模修繕計画はどのようになされているのかを確認します。たとえば「2013年に屋上防水の大規模修繕を行った」などの記載があるとします。このときに修繕前後の修繕積立金の残高推移をチェックします。そうすれば、次回予定される大規模修繕は修繕積立金の範囲で賄えるか、それとも賄えずにオーナーからの持ち出しに頼る状況になるかなどがわかります。

また、大規模修繕計画を見れば将来の修繕計画もチェックすることができます。さらには、管理費や修繕積立金が今後増えるのかなども確認することが可能です。

たとえば、購入したときに管理費や修繕積立金が合計で1万円と記載されていても、調査報告書を見て2万円に値上げ予定ということになっていれば、持ち出しが増えてしまいます。そうした問題を事前に察知することができるのです。

また、管理費と修繕積立金の口座が別々に設けられているか、口座名義人が管理組合の理事長名になっているかなどもチェックしておきましょう。口座名義が建物管理の不動産会社の名義になっていると、その不動産会社が倒産すると、修繕積立金が戻らない可能性もあります。

管理費は主に共用部分の清掃や管理などの日常的なマンションの管理を目的とした費用です。修繕積立金はマンションを維持するための計画的な補修や修繕を行うための費用です。口座が一緒くたになっていて曖昧だと管理もずさんになりがちです。管理規約には管理費や修繕積立金の使途が細かく書かれているので、管理規約もきちんとチェックしておきましょう。

きちんと自分の資産を守るための守りの資産になりうるかどうか、事前に調べたり聞き取りをするなどして、見極めておくことが大切です。

重要事項説明のときに確認をしよう

重要事項説明は、不動産取引で契約の前に必ず行うように「宅地建物取引業法」で定められているものです。重要事項説明では、物件の内容や取引の条件やローンの内容について説明が行われます。また、重要事項説明書とともに登記簿謄本、調査報告書、管理規約、建築確認概要書、記載事項証明書、建物図面、公図などの建物に関わる公的書類が提出されます。それらの書類を読み込んで、実際の物件がどのような物件なのか、資産価値を低下させる問題点がないか、添付書類もきちんと見て確認をしておくことが重要になります。

また、現在物件に住んでいる入居者の方がどういう人なのかがわかる賃貸借契約書も提出されますので、それも確認をしておきましょう。

再建築不可のワンルームマンションにも気をつける

中古ワンルームマンションの中には、同じような建物を建てることができない再建築不可の物件がある場合もあります。

たとえば物件の前面道路が、道を広げる計画道路（都市計画によって作られる道路のこと。土地の利用制限がある）で道路を拡張した結果、建物の容積率や建ぺい率が建築基準法に満たない状態になっている建物もあります。

こうした問題は「物件の前面道路は、計画道路による拡張の可能性がある」など重要事項説明書に記載されていることがあるので注意しましょう。

再建築不可の物件は、ローンで物件を購入する場合に、金融機関の融資がドりないため、購入することができないケースが多いものです。きちんと確認してから購入しましょう。

売主物件か仲介物件かも調べよう

自分がこれから投資をしようと思っている物件が売主物件か、それとも仲介物件かどうかも調べておきましょう。売主が別にいて、不動産会社が仲介をしている物件であれば仲介手数料がかかります。仲介手数料は、４００万円以上の物件であれば売買価格の３％＋６万円＋消費税となります。

しかし、不動産会社が売主である売主物件であれば仲介手数料はかかりません。また、売主物件は一般的に不動産会社がきちんと調査して、収益性があると判断し自ら購入した物件なので、投資対象として良いものが多いということが言われています。

第7章

投資のパートナーである不動産会社を活用する

自分の投資スタイルに合わせて物件を選んでくれるかどうか？

都内築浅ワンルームマンション投資は不動産会社によって、結果が大きく変化します。将来の守りの資産として収益を上げるためには本当に良い物件を持ち、お客様の立場に立って行動してくれる不動産会社を選ぶ必要があります。

不動産投資で安定的に収益を上げていくためには、正しい方法で不動産の賃貸経営をしなければなりません。良い投資のパートナーとしての不動産会社を選べば、不動産投資を成功させることができるでしょう。良い物件を購入することも重要ですが、それは賃貸経営のあくまで入り口にすぎません。

良い協力パートナーとして、賃貸経営に悩んだときにアドバイスをしてくれたり、賃貸管理会社として日常的な管理業務や空室対策、効果的な宣伝広告などを行ってくれるかどうかがとても重要になるのです。

不動産投資のパートナー会社として、満足できる会社を見つけられるかどうかが不動産投資の成否につながります。たとえば、前述したように不動産投資セミナーに参加してみるというのも手です。その不動産会社が売りたい物件を押しつけるとか、強引な営業で翻弄される会社はやめたほうがよいでしょう。また、結論を急ぐ会社もいただけません。新築ワンルームマンション投資では買うまで帰してくれないという強引な会社もありましたが、もちろんこのような不動産会社も良くありません。不動産管理会社として人気が高くても、担当者と相性が合わなければパートナーとしては付き合いづらくなってしまいます。実際に担当者に会ってみて話をするのが失敗のない方法です。

また、不動産投資は投資でありリスクは必ず存在しますが、それを開示しない不動産会社も少なからずあります。また、投資対象である物件や融資元の金融機関など選択肢の余地が少ないケースもあります。

将来の家賃収入シミュレーションは、必要な経費を入れて計算をしていないケースも多いものです。最初の見た目の数字は良いのですが、現実にはあり得ない収支になっているということがあります。数千万単位の大きな買い物をするので、疑いの目を持って薦められている物件が本当によいのかどうかを見極める必要があります。

不動産会社と金融機関の関係とは？

不動産会社と融資をしてくれる金融機関というのは、信頼に基づく長い取引があるものです。金融機関も懇意にしている不動産会社だからこそ融資が下りるように努力したり、ローン金利を少しでも下げようと努力してくれるのです。

金融機関の担当者がローンの稟議書を上司に提出するときに、何十枚もの稟議書を書くこともあるそうです。融資が通りやすくするためには金融機関の担当者に対して、年収や勤め先といった個人の属性などの情報の伝え方も重要になります。伝える順番や伝え方を間違ったりすると、結果が180度違うなんてこともあります。金融機関とのコミュニケーションが得意な不動産会社に依頼することが一番なのです。

提携（案件持ち込み可）の金融機関が多い不動産会社は強い

不動産会社が金融機関と提携して取り扱うローンのことを提携ローンと言います。提携ローンの一番の注目ポイントは、金融機関が事前に不動産会社の信用度や、販売している物件の仕様などを確認しているところです。このため、個人属性の条件が満たされていれば融資が下りやすく、優遇金利も出してくれ、不動産投資を検討する人からすれば嬉しい話と言えるでしょう。

一般的な金融機関のローンの審査では、借り入れするときに必要な手続きや書類、物件に関する書類はすべて投資家が自分自身で集めなくてはいけません。ところが提携ローンの場合、書類の提出や手続きなどはすべて不動産会社が行ってくれます。

借りやすいことと、書類の手続きの手間が省けるのが提携ローンの大きなメリットになります。

多くの提携の金融機関があるかどうかは、不動産会社そのものの信用力になります。一般の不動産会社と比べて信用度が高いという証明が、提携の金融機関があるかないかというところに出るのです。提携の金融機関が多くあるかどうかで選ぶというのも不動産会社を選ぶポイントになるかもしれません。

融資が決まる3つの条件

融資を決めるための３つの条件とは、①個人属性 ②物件の収益力と担保価値 ③不動産会社の信用力になります。

それぞれ説明していきましょう。

①個人属性

その人の収入や資産、借入金などの個人の資産状況のことを指します。具体的には住んでいる場所、勤務先、勤続年数、年収、家族構成、預貯金、土地などの資産（マイホーム、自動車など）、住宅ローン、そのほかカードローン、教育ローンなどの既存の借り入れ先を申込書に記入して金融機関が審査をします。当然、勤務している会社の資本力や信用度が高く、年収が高ければ高いほど、さらに金融資産を持っていれば持っているほど融資は下りやすくなります。

この際気をつけなければいけないのが、個人で借りている既存の借入金です。クレジットカードやキャッシング、オートローンなどの借金があまりに多いと審査が通りにくくなります。

また、融資枠付きのクレジットカードなどは、特に借り入れをしていなくても審査のときには借り入れをしていると見なされてしまう危険性があるので注意をしましょう。

クレジットカードを山のように所有している人がいますが、カードを持ちすぎるのは融資審査に悪影響を及ぼし、今後の賃貸経営にも悪い影響を与えるため、カードを持ちすぎないようにしましょう。自分の融資枠を増やしたいのであれば、カードを解約することからスタートしてみてください。早い会社では3カ月ぐらいから、遅いところでも半年ぐらいでカードの解約情報が個人の信用情報に記載されるはずです。

②物件の収益力や担保力

金融機関が見るのは、個人の属性だけではありません。実際に融資をする物件の収益力や担保力も審査をします。見るからに収益力に問題があったり、ボロボロで担保力がない物件には金融機関も融資をするのを躊躇するでしょう。

資産価値があり、収益が見込めるような物件を選択する必要があります。その点、私たちがご紹介する都内築浅ワンルームマンションは、金融機関の担保価値が非常に高いことが、メリットの１つでもあります。

③不動産会社の信用力

３つ目は不動産会社の信用力です。どんなに良い物件であっても、融資が下りなければ不動産投資を始めることができません。

だからこそ、ファイナンシャルアレンジ（融資調整）をしてくれる不動産会社の力は非常に重要です。長年懇意にしている金融機関が多い、提携している金融機関が多いなど、不動産会社の信用力も非常に重要な要素です。実績のある不動産会社に依頼することが大事になってくるのです。

諸費用の内訳

ところで、不動産投資にはいくらぐらいの自己資金があると良いでしょうか？

一般的に最低でも物件価格の1割ぐらい必要だと言われています。頭金を出せば総返済額が少なくなるからですが、他に頭金とは別に不動産を購入するときの諸経費がかかります。

不動産購入に関わる諸費用の内訳は次のとおりです。

①登記費用（司法書士報酬と登録免許税）
②不動産取得税（10万円から15万円程度。購入後3～6カ月後にかかる費用）
③固定資産税・都市計画税の精算（決済日を境にその年の固定資産税・都市計画税を日割り計算し、買主分の4万円から6万円程度を負担）
④火災保険料（2万円程度）
⑤売買契約書、金銭消費貸借契約書などの印紙代
⑥金融機関事務手数料
⑦仲介手数料（売買価格×3％＋6万円）＋消費税8％。（当社の場合はすべて売主物件のた

め仲介手数料は不要）

⑧　管理費の精算

合計　40～60万円程度

もちろん、頭金ゼロでも個人属性が良く、さらにファイナンシャルアレンジが得意な不動産会社に依頼すれば融資を組み、不動産投資を始めることができます。事前に相談をしてみましょう。

物件購入の流れ

では、実際に物件購入までの流れはどのようになるのでしょうか？

当社の実例をもとに簡単に説明しましょう。

①マンションの選定・購入の申し込み

まずは投資をするマンションを選定します。次に物件の購入を申し込みます。購入の意思を表して、不動産購入の申込書に記入し、条件面のすり合わせをします。後日の売買契約の日取りをここで決定します。また売買契約時に、ローンを申し込んで物件を購入するための必要な書類などの確認をします。

ローンを利用して購入する場合の必要書類の準備

・印鑑
・源泉徴収票（直近1期分）
・借り入れがある場合は借入返済表
・確定申告をしている方は、確定申告書
・身分証明書など

②売買契約の締結

次に売主との売買契約の締結に移ります。売買契約当日は手付金と印鑑を用意します。手付金は売主に依頼された金額を用意します。売買契約の前に、購入する物件概要や入居者の状況、管理組合の運営状況、修繕積立金の積立状況などについての重要事項説明を宅地建物取引士から口頭で受けます。これは宅地建物取引業法で定められた重要な手続きになります。重要事項説明のことを略して「重説」と呼ぶこともあります。

法律では「宅地建物取引士」という国家資格を持つ人が、資格証を提示しながら重要事項説明書を交付し、口頭で説明するように義務づけられています。説明を受けて、もし納得のいかないことがあればこの段階で契約を中止しても大丈夫です。違約金などの費用は発生しません。

これから購入する物件が投資に値するような、きちんとした建物かどうかを見極めるためにも非常に重要なプロセスになります。重要事項説明書は、不動産会社に依頼すれば事前にもらうことができるのでチェックをしておきましょう。

前述したように、重要事項説明書と併せて登記簿謄本、調査報告書、管理規約、建築確認概要書、記載事項証明書、建物図面、公図などの建物に関わる公的書類を確認します。それと併せて、入居者の方がどういう人なのかがわかる賃貸借契約書もチェックします。

また重要事項説明書には、告知事項の記載があるかどうかも確認しましょう。告知事項とは物件に心理的瑕疵《かし》がある場合、買主にその瑕疵の内容を告げることを言います。事故物件と呼ばれることもあります。

具体的な心理的瑕疵とは、室内で自殺や殺人事件などの死亡事故があったり、火葬場やごみ処理場などの嫌悪施設が至近距離にあったり、指定暴力団組織が近隣にあったり、過去に火事や水害に見舞われてしまった物件などを言います。気になる告知事項があれば説明時に聞いておくことが大切です。

重要事項説明では、素人にはわかりにくい専門的な用語で説明されることもあるので、疑問がある場合はその場で宅地建物取引士に聞くようにしましょう。内容に納得したら、署名捺印をして売買契約を結びます。引き続き、不動産会社と賃貸管理に関する契約書を締結します。

③ローンでの購入の場合は金銭消費貸借契約を金融機関と結ぶ

売買契約が成立し、金融機関から融資が下りることが決定したら、基本は別の日に融資をしてくれる金融機関と金銭消費貸借契約を結びます。金銭消費貸借契約とは借り入れをするための契約で、金消（きんしょう）などと略されることがあります。

金消契約時の必要書類は次の通りです。

・住民票
・印鑑証明書
・課税証明書
・実印、銀行印、引き落とし予定の銀行口座などです。

通常は金融機関の会議室などで行われますが、喫茶店などで契約を結ぶこともできる金融機関もあります。借り入れする金額や借入期間、金利についてなどローンの条件を確認して、金融機関と融資の契約を結びます。

④諸費用・残金の支払い

金銭消費貸借契約が結ばれた後に、物件の引き渡し日（決済日）が確定します。決済日までに、残りの頭金と諸費用を売主の指定する口座に振り込みます。

⑤物件の引き渡し（決済）

所有権が売主から買主に移転することを決済と言います。これによって物件は自分の所有物となり、物件が引き渡されます。このときの立ち会いは事前に委任状に署名捺印し、司法書士に委任していれば必要ありません。決済日から家賃収入が発生し、ローンの支払い義務も発生します。

⑥その後の流れ

決済日の翌月に、決済月の日割りの家賃と当月の家賃の合算金額が振り込まれます。また、決済日より３週間程度で、物件の権利証や登記簿謄本が郵送されてきますので大切に保管しましょう。

ローンの支払いは金融機関によりますが、通常決済翌々月より支払いが行われます。また、決済翌々月より建物管理費・修繕積立金の支払いもスタートします。そして３カ月～半年後に不動産取得税の納付通知が届くので注意をしましょう。

オーナーである自分のやることと言えば、家賃が入る口座の通帳に記帳し、しっかりと毎月家賃が入っていること、ローン返済額が引き落とされているか、管理費などが引き落とされているかなどを確認しながら、不動産投資をスタートさせていきます。

［物件購入の流れ］

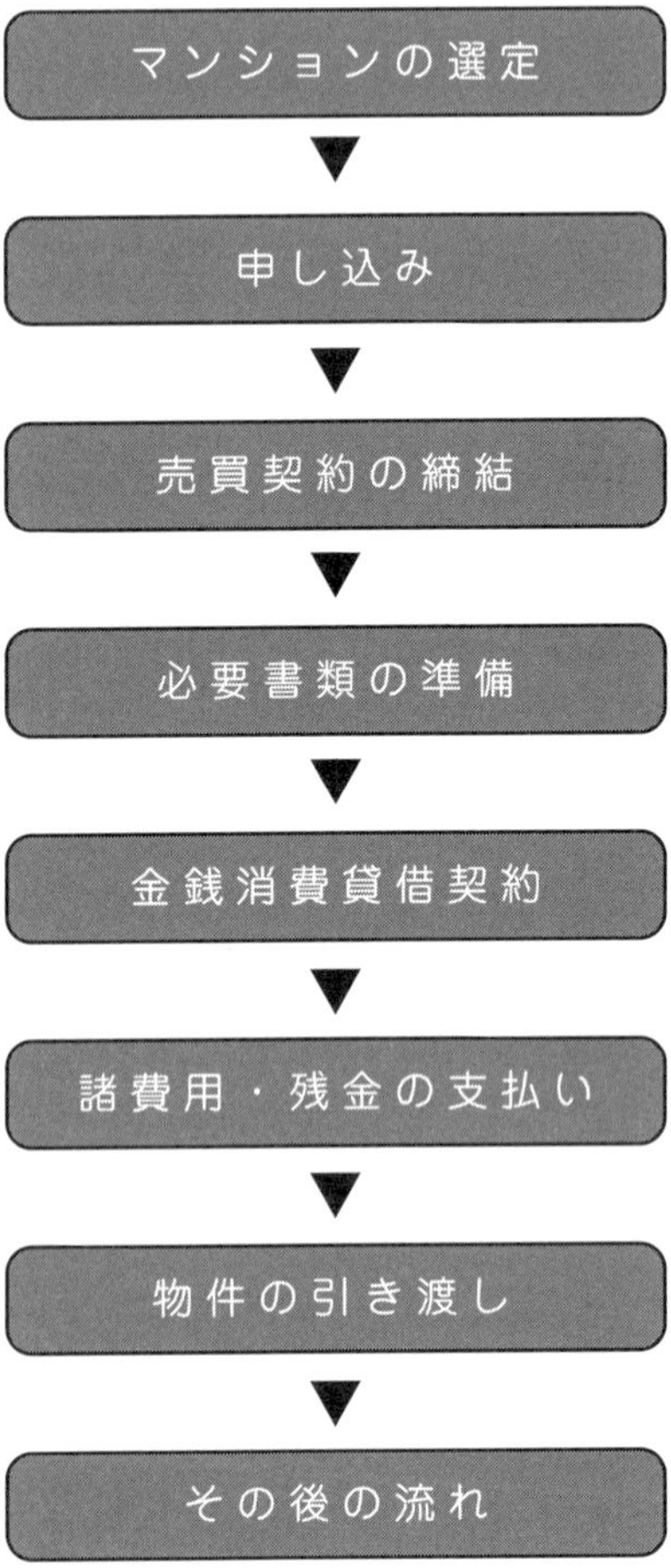

第8章

物件の資産価値は管理で決まる

管理で失敗するといつまで経っても収入は増えない

不動産投資で継続的に安定して収入を得るためには、賃貸管理がとても重要になります。賃貸管理で最も重要なのが入居者募集です。空室が続けば家賃収入を得ることはできません。入居者募集が強い不動産会社に任せることが必要です。

ワンルームマンションの不動産投資では、一般的に物件を購入した不動産会社に賃貸管理を依頼することになります。ところが、不動産を購入した会社が自分たちの利益しか考えていなければどうなるでしょうか？　早晩、不動産投資は行き詰まり、最悪手放すことになります。そのようなことがないように、優秀な不動産会社をパートナーとすることが大切です。

ところがお客様の話を聞いてみると、残念ながら売ったら終わりという不動産会社があまりに多いのも事実です。だからこそ売買契約を結んだら、それで終わりという不動産会社を選ぶのではなく、アフターサービスも充実している会社をパートナーにすると安心して投資をすることができるはずです。

物件購入から管理まで不動産会社とは長い付き合いになります。管理を委託するにはどのような体制なのか、すぐに対応してくれるのかなど事前に聞いておくことが大切です。

不動産業界の悪しき習慣のある管理会社は避ける

　ワンルームマンションの賃貸管理会社の中には、下請け業者と癒着をして非常に高い金額を原状回復費用としてオーナーに請求するなど、悪徳としか思えないような会社もあります。

　また、賃貸管理会社の中には入居者募集の報酬やリフォームの費用など、使途が不明な支出が多く管理を依頼すればするほどオーナーの取り分がなくなっていくところも少なくありません。そのような不動産会社に引っ掛からないようにする必要があります。

　注意しなければならないのが、知名度があったり、上場企業だったりしても、悪徳な管理会社は存在するということです。大手だからといって安心はできません。ネームバリューや知名度に惑わされることなく、会社の方針や考え方、担当者の人となりなど総合的に判断してお付き合いしたいものです。

賃貸管理会社の仕事とは？

　賃貸管理会社の仕事で最も重要なのが入居者募集ですが、そのほかにもいろいろな業務がありま す。ちなみに当社の業務委託システムでは、賃貸管理の内容は次の通りになります。

・賃貸借契約条件の設定および賃借人の募集と選択
・賃貸借契約書・更新契約書等その他必要書類の作成および契約などの諸業務
・賃貸借契約等に関する賃料等の金員の授受およびオーナーへの振り込み業務
・賃貸借契約書類の保管および鍵の保管
・賃借人の賃料等の遅延・滞納の際の督促
・賃貸借契約解約時に伴う諸業務（補修箇所の点検、敷金の計算、鍵の回収）ならびに補修工事の手配および実務
・賃貸借契約違反等の対応（注意・契約解除・更新拒絶等）および室内設備故障等による業者手配および実施
・敷金の保管

当社は入居者の募集から退去の立ち会い、処理までトータルにきめ細かなサービスを提供しています。賃貸管理会社によって、サービスの質が異なったり対応していないサービスもあったりするので、事前によく調べておくことが大切です。

定額できちんと管理してくれる会社に依頼する

前述したように、空室リスクを減らすための方法として、サブリース契約（家賃保証契約）という仕組みがあります。ワンルームマンション投資では、多くの人がこのサブリース契約を導入して、家賃収入を確保しようとしています。

しかし、30年以上の長期で部屋を借り上げるサブリース契約は、その実は2年ごとの更新だったりします。そして、家賃の減額などに同意しなければ、一方的に契約を切られる場合もあります。そのような状態で安定した家賃収入を得られるでしょうか？　恐らく無理なのではないかと考えています。

ではどのような賃貸管理が必要でしょうか？

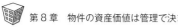

そこで私たちがお薦めするのが、賃貸管理に必要な業務を不動産会社に委託する業務委託システムです。

当社の場合、毎月３５００円で当社と業務委託契約を結ぶことによって、賃貸管理業務をすべて委託できるシステムです。

長期保有を前提とした守りの資産だからこそ、管理に関わる費用はなるべく安く抑えたいものです。特に入居者の入退去のときには、賃貸管理でもさまざまな費用が発生するので、定額で安く抑えたほうが収入の見通しも立ちやすいですし、長いスパンで考えると管理の報酬の違いで数十万円の差が出る可能性もあります。

入居者募集の方法で管理会社の差が大きく出る

賃貸管理において最も重要なことは、空室をいかに短い期間で埋めることができるかということです。賃貸管理を行っている不動産会社は、いろいろな手法で空室を埋めるための工夫をしています。どのような工夫をしているのかを調べてみるというのも手でしょう。

まずは入居者募集に関して、賃貸管理会社がどのくらい素早く動けるか？　ということに注目をしてみましょう。

退去することは、事前に入居者から伝えられるので、その時間を入居者募集に有効活用できるの

［当社の賃貸管理業務委託システム］

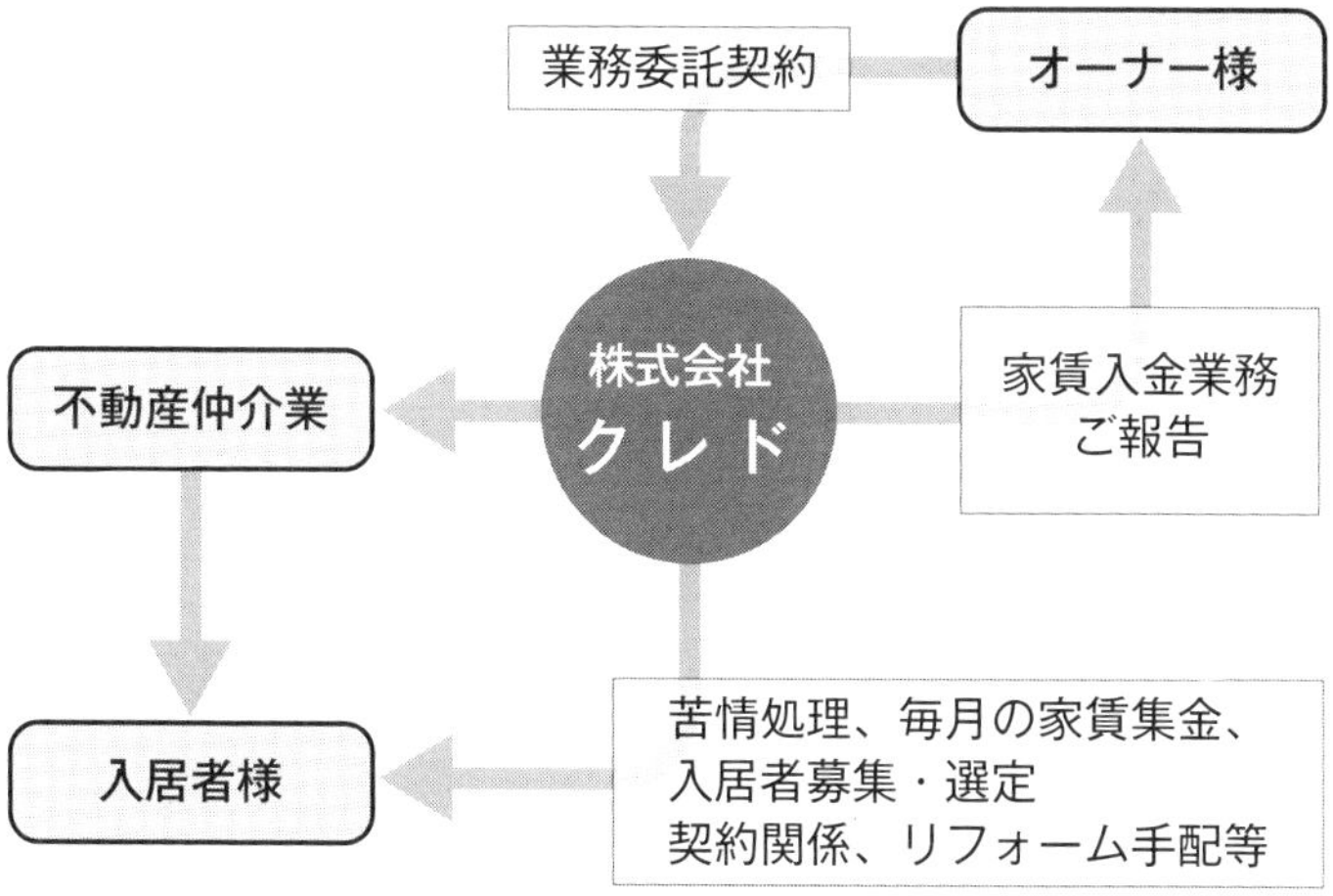

［賃貸管理業務委託費用の比較］

東京都内の物件で家賃が８万円の場合

	クレド	A 社	B 社	C 社
基本報酬（月）	3,500 円	3,150 円	家賃の 5%	0 円
振込手数料	0 円	432 円	540 円	432 円
滞納保証	３カ月	３カ月	無し	家賃の 5%（月）
修繕準備金	0 円	0 円	1,500 円	0 円
合計	3,500 円	3,582 円	6,040 円	4,432 円

その他、更新時等に係る金額

	クレド	A 社	B 社	C 社
賃貸付け報酬	0 円	15,000 円	15,000 円	家賃の１カ月分
更新手数料	0 円	15,000 円	10,500 円	5,250 円
合計	0 円	30,000 円	25,500 円	85,250 円

10 年間で入居者が３回替わった場合の合計額

	クレド	A 社	B 社	C 社
合計	420,000 円	518,400 円	826,500 円	786,000 円

かが重要なポイントとなります。

たとえば、入居者が退去するときの理由は転勤などの突発的な事情が多いものです。しかしながら私たちの会社が入居者と賃貸借契約を結ぶ場合は、退去予告が2カ月前となっていてかなり早い段階で入居者募集を始めることが可能なのです。

この2カ月の間に次の入居者を見つけられる可能性があります。実は2カ月前予告だと、入居者が契約が切れる1カ月前に引っ越してしまうこともよくあります。そうすると家賃が発生しているのに内見もでき、そのまま契約が決まれば二重に家賃が入るケースもあるのです。こういう小さな積み重ねが意外と結構な違いとなってくるのです。

オーナーの利益になるように動いてくれるかがポイント

まず、入居者を募集する家賃の設定をどのようにしているかです。周辺相場やほかの部屋を含めて間違った賃料設定をすれば、入居者が見つけられなくなってしまいます。

たとえば、所有している物件と同じようなワンルームマンションの家賃設定が8万5000円なのに、自分のマンションが9万円で家賃設定をしていたら、入居希望者は安い家賃の物件を選ぶはずです。これではいつまで経っても空室は埋まりません。そこで、入居者を募集するときには家賃設定をどうするかということを徹底的に調査しなければいけません。そうしたことを賃貸管理会社が行ってくれるかどうかが第一のポイントになります。

次に入居者募集時にも工夫があります。最近ではインターネットで入居者募集をするケースが一般的になってきました。いかに検索に引っかかりやすい条件を考えるかがポイントになっています。たとえば、８万円で募集すると７万円代で探している人たちには検索されないものですが、家賃７万５０００円、管理費５０００円とすれば、７万円代で検索している人たちにも検索されるということがあります。管理費はオーナーのさじ加減であり、金額は基本的には何の根拠もありません。入居者募集は、家賃と管理費の配分を変えながら募集をすることも１つのテクニックです。

入居者募集では、私たちのようなオーナーの代行をする賃貸管理会社から、入居希望者に強みを持つ賃貸客付け仲介会社という専門の不動産会社に依頼することも多いです。賃貸客付け仲介会社がより積極的に動いてくれる１つの作戦として、賃貸借契約の成約時に報酬を出すということを行っています。この報酬のことを業界用語でＡＤ（ａｄｖｅｒｔｉｓｅｍｅｎｔ／広告費用）と呼んでいます。では、ＡＤの費用はどこから徴収するのかと言えば入居者です。保証金や礼金という名目で回収するので、オーナーの持ち出しになることは基本的にはありません。

もちろん、すべての物件で賃貸客付け仲介会社に報酬が必要になるのかというと、そういうことではありません。たとえば私たちの会社では、入居希望者からの問い合わせの数に当たる「反響数」と、その中からどのくらいが内見に繋がったのかという「内見数」に基づき、ADの比率を考えています。仮に入居希望者からの反響がほとんどない場合は、ADをゼロから50％にしてみるなど状況を見ながらADの額を変えています。このようにしっかりとした戦略を持って、柔軟に対応してくれる賃貸管理会社を選ぶことも大切です。オーナーにとっては、数カ月空室が続けばそれだけ家賃収入が減ってしまいますから、状況に合わせて小回りの利く対応を取ってくれるところがよいのです。

たとえば、私たちの会社では問い合わせの反響数が何件で、内見数がどのくらいありましたなどの入居者募集の状況について、1週間に1度メールで報告をすることにしています。たとえば反響数も内見数も上がっていれば、引き続き同様の条件で継続することを提案します。反響数も内見数も減っていて効果が見られない場合は、家賃設定を見直したり、ADの提案をします。メールでの打ち合わせで翌週の営業戦略を考えていきます。

ところが、入居者募集のマーケットをきちんと分析しそれに対応した戦略を立てない状況で、手数料をもらっている賃貸管理会社も数多く存在します。賃貸管理を依頼するときには、どのような体制で対応をしてくれるのか確認をしておくとよいでしょう。

賃貸管理会社で休日がある会社は要注意!?

賃貸管理会社の中には会社全体で休みを設けている会社があります。一般的な会社では当たり前のことです。しかしながら、賃貸管理会社が会社全体で休みを取ってしまうと、その会社が休んでいる間入居者を見つけてくれる賃貸客付け仲介会社からの問い合わせに対応ができないということになります。

たとえば、前述した賃貸客付け仲介会社から、物件の内見をしたいとか物件の概要について問い合わせが来ても、休みだから対応することができません。反響があったとしても、休みがあることでそれを内見や成約に繋げることができなくなってしまうのです。

1日休めば、入居希望者が問い合わせできる機会を1日失うことになります。土日休みという賃貸管理会社もありますが、この場合2日分入居希望者が問い合わせる機会を失っているということになります。

私たちの会社では定休日は基本的に設けず、休日でも対応しています。営業時間外でもどうしても部屋を見たいというお客様のために、会社の電話を転送して対応していたりします。また、意外と重要なのが内見をするための部屋の鍵の保管場所です。賃貸管理会社の中には、会社で鍵を管理しているところも少なくありません。そのような場合は、賃貸客付け仲介会社の社員がわざわざその会社まで鍵を取りに行かなければなりません。その時間のロスが成約を逃すこともあるのです。

細かいところですが、自分が依頼をする賃貸管理会社の休日を聞いておくこと、そして休日の対応も確認しておくことが重要です。

第9章

都内築浅ワンルームマンション投資を成功させた先輩投資家たち

最終章では私たちの会社のお客様で、実際に都内築浅ワンルームマンション投資を成功させている先輩投資家の実際の話を聞いていただきたいと思います。まったく知らない状態から不動産投資をスタートするには、不安がつきものかもしれません。彼らはどのようにそれを乗り越えて、どうやって成功させてきたのかを少し見てみることにしましょう。

投資期間8年間で7戸所有

最初にご紹介するのが保田さん（37歳仮名）です。保田さんは29歳であった2009年から不動産投資をスタート。2018年2月現在では7戸所有しています。大学を卒業してコツコツと貯蓄をしていた保田さんは、29歳のときに年収400万円台でありながら2002年から2009年までのわずか7年間で、なんと1500万円の貯金に成功していたと言います。

29歳になって起業家の友人と話しているときに、お金を貯蓄するだけでなく何か運用をするべきだと一念発起したそうです。

そこで投資対象を見極めるべく、さまざまな書籍や雑誌を読んで勉強をしたそうです。投資信託にも注目をしてみましたが、リーマンショック後でどの銘柄も運用成績が悪かったそうです。そんなときに面白いと思ったのがＪ－ＲＥＩＴ（不動産投資信託）でした。そこから不動産投資に興味を持ち始めたと言います。

当時の保田さんの感覚では、不動産投資＝アパート経営だったそうです。アパート1棟を購入するには保田さんの貯金ではとても足りません。融資を活用してアパートに投資をする手段もありましたが、リスクをなるべく減らしたいと思っていた保田さんはアパートに投資をするのは諦めました。

そんなときに、マンションの1室に投資をするという「ワンルームマンション投資」という方法があることを知ったそうです。

五反田に1戸目を現金で一括購入する

そこで、保田さんはワンルームマンション投資のポータルサイトから、資料を一斉に取り寄せたと言います。現在行っている都内築浅ワンルームマンション投資だけではなく、新築マンションの不動産会社の話を聞くこともありましたし、地方のワンルームを扱っている不動産会社の話を聞くこともあったと言います。その中で、利回りやコストの面から都内の築浅ワンルームマンションに投資をすることを決定したそうです。

最初に購入したのが五反田の物件。その物件を選んだ理由として、住みたい街ランキングで人気の山手線沿線の物件であるということ、徒歩7分と駅からのアクセスも良好で、周辺にもお店があって住みやすそうだということで物件を選んだそうです。ターミナル駅の品川駅にも電車で6分で行くことができます。最初はローンを組むのが怖かったそうで、ローンを組まずに自分がコツコツと貯めてきた1500万円で購入しました。五反田の物件は、当初予定していた1500万円の予算内に収まったということも購入の後押しをしたそうです。

2戸目 3戸目をローンで購入する

翌年（2010年）、保田さんの投資方法が大きく変わります。不動産投資は1戸目の投資対象が最も重要だと考えていました。現金で購入した1戸目の物件は順調に家賃収入をもたらしてくれました。

1戸目の成功を土台にして2戸目、3戸目と物件を増やしていくことに決めたのです。次に購入したのが東新宿。都営大江戸線東新宿駅から徒歩3分という好立地に加え、新宿駅というメガターミナル駅に近いということで購入しました。続いてJR山手線高田馬場駅から徒歩7分の物件を購入しました。さすがに2戸目、3戸目はローンで購入することにしました。ただ少しでもローンの負担を減らしたいと思った保田さんは、東新宿のほうは頭金として物件価格の3分の1を用意。優遇金利が適用され、購入することができました。

ローンを組んだ後は、繰り上げ返済で金利を下げることは基本的にできませんが、事前にある程度の頭金を用意することによって、金利を下げられるということがあります。優遇金利が適用され、さらに繰り上げ返済を続けることで２０１３年、33歳のときには東新宿の物件のローンを完済。購入してから約３年というスピード完済でした。これも複数の物件を同時に購入して、複利効果が得られた結果です。

なぜ繰り上げ返済をするのかについては、保田さんは次のように述べています。

「繰り上げ返済することによってローンを借りている間、余分に払う金利を抑えられるだけでなく、資産運用のサイクルを早められます。また、金利上昇や空室リスクなどを抑えることができます」

さらに物件を購入し続けて7戸になる

さらに２０１４年、34歳のときには4戸目を購入。東新宿の物件を繰り上げ返済したことで、その流れでもう1戸購入しようと考えたそうです。そのときに出会ったのが池袋の物件でした。その物件はＪＲ池袋駅を挟んでサンシャインビルとは反対側の西口方面の、繁華街からやや離れた場所にある、駅から徒歩８分の物件。周辺にコンビニやスーパーなどがあり、入居需要が見込まれたため購入を決定したそうです。

その後2017年、37歳のときに都営浅草線の高輪台駅と地下鉄三田線の春日駅にそれぞれ物件を購入。さらに同じ年にもう1戸、五反田に購入をしました。これらすべて合わせて7戸の物件は、2036年までには完済できると見込んでおり、年間家賃収入は600万円を超えるほどになり、現在働いている会社の年収よりも多くなると言います。

空室期間は平均10日前後

住んでくれている入居者の入退去は定期的に発生するとしても、退去後の空室期間を減らし、家賃収入が滞ることをなくすのはとても重要なことです。

保田さんは、空室リスクは立地によって十分カバーすることができると次のように語ってくれました。

「自分でグラフを作って調べてみると、30歳のときに最初に購入した五反田の物件で2010年12月15日に退出が発生しています。ところが、次の入居者が決まったのはその月の25日。空室期間はわずか10日間だったので、立地が良いとすぐに決まるんだと実感しました。その後も退出が発生しても、最長で20日ぐらいで空室が埋まっています。物件を持つ場所がしっかりしていれば、空室リスクを下げることができます」

ところが、3戸目に購入した高田馬場の物件が意外に苦戦。空室がなんと4カ月も続いてしまったと言います。

最も大きな理由の1つは家賃設定が高すぎたということ。管理会社の動きが悪く、入居者募集に苦労したそうです。当時依頼していた管理会社の話では、周辺に新築のワンルームマンションができたので苦戦したとのことでした。

そこで、家賃を9万6000円から8万8000円に下げることにしました。家賃を下げるとすぐに入居が決まり胸を撫で下ろしたそうです。ここで家賃相場を見ながらアドバイスをしてくれる賃貸管理会社の存在の大きさを学んだそうです。

修繕や設備機器に対する備えも想定内に

保田さんが物件を選定するときに気をつけているのが、その物件の大規模修繕計画だと言います。修繕の計画の進捗度合いによっては物件を購入した後、すぐに大規模修繕のため修繕積立金の金額が倍に増えるケースも少なくないと言います。調査報告書を見ながら、毎月の修繕費用をシミュレーションすることもあるそうです。

また注意したいのが、専有部分での設備機器の交換。給湯器やエアコンなどが壊れた場合には、オーナーである自分が持ち出しで直す必要が出てきます。交換費用のためにも、保田さんは家賃収入の中から交換費用を貯蓄しておいているそうです。

立地さえ間違えなければリスクが少なく資産形成がしやすい

最後に不動産投資について、保田さんに感想を伺ってみました。

「不動産投資は初期費用が高いため、実際に投資を始めようというときにはすごく心配でした。ただ、7戸を所有するようになった現在はさほど心配はしていません。よく言われる空室リスクも場所さえ間違わなければ、必要以上に恐れることはないという意識を持てるようになりました。

さらに1つの物件を成功させると、さらに次の物件に投資をしようと目標意識が持てるようになります。将来を年金に頼ることなく、自立して生活できる収入基盤があるというのはとても安心ができます。最近では自分が死んだときの家族のための遺産として、きちんとした収入を残すために投資を続けたいと思っています」

投資をしてから7年目で安定収入を実現

大橋さん（36歳・仮名）はメーカーのサラリーマン。不動産投資をスタートしてから7年目で3

戸所有しています。

大橋さんが不動産投資をスタートしたきっかけは、安定収入を確保したいというのがあったそうです。すでに２００６年ぐらいから株式や投資信託、ＦＸなどの投資を経験していた大橋さんでしたが、どうしても浮き沈みがあり安定収入に結びつかなかったようです。大橋さんが投資にこだわるのも、自分の老後のことが心配だからだそうです。現在の生活水準を保つには、年金だけだと15万円ぐらい不足すると考えられるので、それを補てんすることを目標に投資しようと決断しました。

そんなときに出会ったのが、ロバート・キヨサキ著『金持ち父さん 貧乏父さん』でした。その本を読んだときに不動産投資であれば安定収入が得られ、資産形成ができるというので不動産投資を始めようと決意したそうです。

スタートしたのは２０１１年。東日本大震災の後でした。震災後、それまで不動産投資をしていた投資家の多くは震災リスクを恐れて、物件を手放す人も少なくありませんでした。大橋さんは、震災後だからこそ物件の価格が安くなるのでないかと積極的に物件選びを行ったそうです。

リスクから投資対象を考える

大橋さんは、まず不動産投資のスタンスを決めました。長期的に老後も安定した収入を得るためには、どのような投資方法を選択するべきなのかじっくりと考えたそうです。

将来的な安定収入を確保するということを前提にするとなると、投資のリスクは極力避ける必要があります。

そこで考えたのが、投資する物件の対象を絞り込むということでした。まず利回りが高く、ハイリターンの可能性があるけれども、逆にリスクも高い築古のマンションに投資するのはやめました。次にキャッシュフローをプラスにしたいと思っていたので、価格が高い新築マンションに投資するのもやめたそうです。大橋さんが調べたところによると、新築ワンルームマンション投資だと、マイナスになって持ち出しになってしまいます。そこで築浅のワンルームマンションに投資をしたのです。

また、入居者に関しては慎重に選ぶことにしているそうです。高所得の入居者をターゲットとすることで滞納リスクを減らすことを考えました。大橋さんはこのようにして、リスクを1つずつ考えて投資対象を絞り込んでいきました。

そこで、物件価格が比較的手頃で都内の人気のエリアに物件を持つことができ、高所得者をターゲットとする投資ができる都内築浅ワンルームマンションを選んだそうです。

売買契約時に20分固まってしまう

大橋さんの周りには、これまで株式投資や投資信託をやっている人は周囲にいても、不動産投資をしている人は1人もいなかったそうです。

そのため大橋さんは最初の物件を購入する売買契約のときに、思わず固まってしまったそうです。当時の状況を次のように語っています。

「いざ物件を購入するという段になっても、不動産投資のイメージが全然湧きませんでした。特に多額の借金をするというのが非常に怖くて、1戸目の契約をする際に捺印をするのですが、契約の直前でビビってしまって売買契約のときに20分ぐらいお待たせしてしまったことがあります（笑）」

そうやって考えてしまったのも不動産投資に、大橋さんが悪いイメージしか持っていなかったからです。

「バブル期の危険なイメージもありました。不良債権だとか、バブルの崩壊で土地の価格が下落したりして。あとは業者が怪しいなとか、借金は怖いなというイメージがあったんです」

最終的には紹介してくれた営業担当者を信用することにし、問題ない物件だと判断したそうです。

1年ごとに2戸を購入する

2011年6月に購入した1戸目が京王線の代田橋駅の物件。代田橋駅は新宿から各駅停車で7分の距離にある駅です。そこから徒歩5分の場所で非常に利便性の高い物件でした。

ローンを組んで物件を購入することがとても怖かったそうで、頭金として物件価格の3分の1に相当する400万円を出して、優遇金利でローンを組むことになりました。その後、着実に家賃収入を得ることができ、不動産投資にも自信がついてきた2012年の3月に初めての退去があったそうです。

そのときに、大橋さんはその当時契約していた悪い賃貸管理会社に原状回復費用を騙されてしまったそうです。

「賃貸管理会社から、退去に伴う原状回復費用として15万円を請求されました。見積もりをもらっているのでそれが相場なのかと信じきっていましたが、後で聞くと15万円の半分以下でできると知って愕然としました」

悪徳の賃貸管理会社では、原状回復費用を多めに見積もって、不正に請求する会社もあるのです。注意が必要です。

高い授業料と思ってやり過ごした大橋さん。空室期間は10日ぐらいで、すぐに次の入居者が決まったそうです。しかし自分を騙した賃貸管理会社に対する不信感があり、２０１２年10月に地下鉄丸ノ内線、西新宿駅の物件を私たちから購入したのをきっかけに、賃貸管理も当社クレドが担当することになりました。

西新宿の物件は頭金は60万円と、自己資金を少なめに投資をすることにしたそうです。理由は１戸目をやってみて、当たり前のことですが家賃がきちんと入ってくるのがわかり、退去があっても空室期間は短いということが実感できたため、リスクに対する許容度が増えたそうです。そこで２戸目は、自己資金を少なめにして、フルローンで購入することになりました。

家賃を上げて収入を増やす

あくまでも周辺の家賃相場を見ながらですが、相場よりも低い場合は退去をきっかけとして家賃を上げることもできます。

大橋さんの新宿の物件では、物件購入後すぐの２０１２年の12月に退去がありました。しかし、立地の良さからこちらも10日前後で入居が決まりました。
また2014年4月に水道の配管が壊れたそうですが、火災保険でカバーすることができて持ち出しはなかったそうです。火災保険にはさまざまな特約もあり、こうした配管の破損などの修理にも対応できるものがあります。火災保険の補償内容を普段から見ておくことが重要です。

2014年12月に2年更新のときに退去がありましたが、これを機会に家賃の値上げを行いました。8万5000円だった家賃を8万6000円に値上げしましたが、空室期間1日で入居が決まったそうです。また2016年12月にも退去がありましたが、8万6000円から9万円に4000円も家賃を上げています。しかし、10日で入居が決まりました。家賃設定をきちんと考えながら、入居者募集することの大切さがわかりました。

その後、2015年の12月に3戸目を購入しました。日比谷線の上野駅から電車で5分の三ノ輪に購入しました。こちらの物件に関しては、購入時から2018年2月現在まで退去は発生していないそうです。

年間300万円の収入をコンスタントに得ている

現在、大橋さんが得ている不動産収入は3戸で年間約300万円。ローン完済は1戸目は13年後で、2戸目の物件と3戸目の物件は17年後に完済する予定だと言います。年金を補てんする目標は達成しつつあるので、今後はさらに物件を増やしていきたいそうです。

株式投資やＦＸや仮想通貨などは値動きが激しく、常に見ていないと自分の資産が目減りしてしまうことも考えられます。とてもではありませんが、本業に集中できないということがあるかもしれません。しかし、不動産投資であれば放っておいても資産形成は着実にできます。

大橋さんも、ワンルームマンションを3戸所有していてもやることはほとんどないと言っています。

「すでに物件を所有して7年経っていますが、何かあれば賃貸管理会社で対応してくれます。実際に私が何か動いてやることはほとんどありません」

そんな大橋さんですが、もっと早く始めれば良かったと考えているそうです。自分の貯金だけで資産を増やそうと思っても、収入源が会社員の給料だけでなかなか増えないものですが、不動産投資で複利効果を得られれば、加速度的に資産が増えるということが実感できたからだそうです。

最後に不動産投資を実際にやってみての感想を聞いてみると、次のように語ってくれました。

「都心のいいところに物件を持てば、空室リスクはそれほど怖くないということです。家賃もそれほど下がっていないですし、むしろ上がることもあるので立地がいいところに持てば、空室リスクはほとんどないと思います」

現在、大橋さんは所有物件の管理組合の理事になっているそうです。理由は管理組合で、管理費や修繕積立金などのお金をどのように管理しているのかを実際に携わって知りたかったから。建物の資産価値を維持しながら、長期的に保有するためにはどうすればいいのか、そこを実践できるのはすごく勉強になるそうです。最近も修繕積立金を滞納しているオーナーに対して、法的処置を行って修繕積立金を回収するなど、他では積めない経験をしているそうです。

この2つの事例を見ていかがでしたでしょうか？　お2人に共通していることは、不動産投資をスタートするときにはとても慎重であったこと。なかなかスタートすることができなかったと告白しています。

しかしそうした不安は、コツコツと貯金を貯めて頭金を多く使ったり、信頼できる不動産会社のアドバイスをもとに自分で調べて、リスクの少ない物件を購入することで払拭していることがわかります。さらに実際に不動産投資をスタートしてみると、それほど心配することもなく不動産投資を継続して続けることができています。さらに、物件数を増やし自分の給与収入以上に収益を得ている人も少なくないのです。

ぜひ本書を読んでいる皆さんも、信頼できる不動産会社と一緒に不動産投資のための第一歩を進めてみませんか？

おわりに

最後までお読みくださってありがとうございます。

最終章の実際の体験談を読んでいただいた通りに、着実に将来のための「守りの資産」づくりに成功している先輩たちは数多くいらっしゃいます。

しかしながら、都内築浅ワンルームマンション投資は、必ずしもすべての人に当てはまる投資ではありません。

将来の生活設計を改めて考えてみて、今現在、投資できる金額はいくらあるのか？　自己資金はいくらか？　投資に対するリスクをどれだけ許容することができるのか？　そうしたものを総合的に考えて、問題がなければ投資すべきだと思います。しかし、投資する金額を捻出することが難しかったり、投資のリスクを許容できなかったりするということであれば、あえてリスクを冒して投資することはやめたほうがよいかもしれません。

リスクを許容できないのに投資をすれば、必ず失敗をします。失敗をしてからではリカバリーをするのにより多くの時間とお金を費やすことになってしまい、何のための投資なのかわからなくなってしまいます。

しかし将来の生活設計をきちんと考えて、リスクも許容できるということであれば、将来のための「守りの資産」をつくるためにぜひ投資を検討していただきたいと思います。

そのように申し上げるのは、私たちのビジネスに対する基本理念が「すべてはお客様の未来のために」というものだからです。

私たちは、お客様の人生を豊かにするためにビジネスを提供しています。

だからこそ誰よりもお客様の人生を考え、何よりもお客様の幸せを大切にする。

そういう会社でありたいと常に考え続けています。

さらに詳しい話を聞きたい、セミナーに参加してみたいという方は、株式会社クレド（http://fudousan-toushi.jp/）まで一度ご連絡をください。

あなたの将来の夢を実現するために、全力でサポートをしたいと思っています。

［著者略歴］

小松 圭太（こまつ けいた）

1978年横浜生まれ
株式会社クレド 代表取締役
不動産会社に勤務して19年、独自の営業理論によりトップ営業マン・取締役営業部長を経験。
2011年12月オーナー様が安心できる最善の方法である中古マンション投資をメインに扱う株式会社クレドを設立。
何百人というお客様とのお付き合いを通じて、販売してからのアフターフォローが何よりも大切なことだと気がつき、お客様目線の営業に力を入れている。
売主・買主だけの関係ではなく、お互いWin-Winの関係を築くことを信念として、お客様との輪を広げ、これまでにセミナーを100回以上開催した実績がある。

貯蓄《ちょちく》なし 経験《けいけん》なし 度胸《どきょう》なしの
あなたにもできる
都内築浅《とないちくあさ》ワンルームマンション投資《とうし》

発行日　2018年4月23日　　第1版第1刷

著　者　小松《こまつ》　圭太《けいた》

発行者　斉藤　和邦
発行所　株式会社　秀和システム
〒104-0045
東京都中央区築地2丁目1−17　陽光築地ビル4階
Tel 03-6264-3105（販売）　Fax 03-6264-3094
印刷所　日経印刷株式会社　　Printed in Japan

ISBN978-4-7980-9504-2 C0034